Produser resultater!
– bok 1

Fremragende forbedringsprosjekter ved hjelp av Lean Six Sigma

Dr.ing. Sven H. Danielsen

Til minne om min far, Odd A. Danielsen (1929–2012)
Du var en grunnmur av trygghet. Dine vise ord lever videre.

INNHOLD

I takknemlighet

Etter at jeg i 2003 for alvor fikk interesse for *intern forretningsutvikling*, har jeg truffet mange personer med ansvar for implementering av Lean og Lean Six Sigma. Det er disse personene som omsetter teoriene i praksis. Det er disse personene som gjennom erfaring forstår hva som skal til for å lykkes med implementeringen. Jeg er veldig takknemlig for alle konkrete innspill og erfaringer jeg har fått ta del i i møte med disse personene.

En stor takk til Per Aftreth, Ulf Nordèn, Thomas Løver (FMC), Roy Magnussen (Oso Hotwater), Rune Ø. Eliassen (Ringnes), Øystein Larsen (Eltek), Frode Vågen (Eltek), Vegard Løkken (Nammo), Tor Arne Skjervheim (Nammo), Tom Thoresen (Nammo), Nils Buajordet (Nammo), Espen Haakestad (AF Gruppen), Vidar Tormodsen (AF Gruppen), Willy Andersen, Henning Bakken og Dag Espen Tegdal (Kongsberggruppen).

Tusen takk til Oso og Nammo Raufoss for at jeg har fått bruke deres bilder og maler som illustrasjoner i denne boka.

1 Introduksjon

Lean og Six Sigma er to komplementære, delvis overlappende ledelsesinitiativer med det mål å skape mer fornøyde kunder, medarbeidere og eiere. Sett med ledelsens og eiernes øyne omfatter Lean og Lean Six Sigma følgende viktige mekanismer for *operativ kontroll* og *intern forretningsutvikling*:

1. mekanismer for utvikling og implementering av strategiske handlingsplaner
2. mekanismer for kontroll med og kontinuerlig utvikling av linjeorganisasjonen
3. mekanismer for gjennomføring og oppfølging av forbedringsprosjekter

Handlingsplanene i punkt 1 skal på en helhetlig og konkret måte svare på hva som skal til for at en skal nå strategiske mål. De skal vise til mekanismene for implementering og oppfølging i punkt 2 og 3.

Mekanismene i punkt 2 over handler om konkrete (Lean-)ledelsesstrukturer (1) som skal sikre forbedring av og operativ kontroll med virksomhetens prosesser. Dette er et arbeid som involverer alle og gjennomføres i tråd med virksomhetens verdier og ledelsesprinsipper. Eksempler på slike ledelsesstrukturer er møtestrukturer for å støtte daglig drift/operasjon, strukturer for å oppnå sikre, rene og velorganiserte arbeidsområder, strukturer for kontinuerlige forbedringer, strukturer for forebyggende vedlikehold, strukturer for medarbeiderutvikling og strukturer for utvikling og gjennomføring av ledernes standard arbeid.

Mekanismene i punkt 3 handler om strukturer for standardisert gjennomføring og oppfølging av forbedringsprosjekter. Denne boka er begrenset til punkt 3. Tilhørende styringsgruppestrukturer er beskrevet i (2). Six Sigma-forbedringsmetoden DMAIC (3) er i denne boka generalisert slik at den kan standardiseres for alle typer forbedringsprosjekter. Verktøykassen i Six Sigma er utvidet til å inkludere noen viktige Lean-verktøy, beskrevet i kapittel 8. Andre Lean-mekanismer for prosessdesign som også kan være aktuelle i forbedringsprosjekter, er beskrevet i bøkene (4), (5), (6) og (7). Prosjekter som følger DMAIC og benytter den kombinerte Lean og Six Sigma-verktøykassen, kalles i denne boka Lean Six Sigma-prosjekter (L6S-prosjekter). Boka beskriver DMAIC som metode for å løse prosessproblemer. Metoden kan med mindre tilpasninger også benyttes for problemer i produkter, tjenester og systemer.

Denne boka er en av tre bøker i trilogien *Produser resultater*. Ambisjonen er å gi helhetlig innsikt i konkrete strukturer som alle virksomheter bør utvikle for å bli fremragende, og bidra til å videreutvikle landets samlede konkurransekraft. Om du søker ytterligere innspill på arbeidet med å skape en fremragende virksomhet, anbefaler jeg bøkene *Good to Great* (8), *Built to Last* (9) og *Great by Choice* (10).

1.1 Kort om Lean

Lean er et ledelsesinitiativ basert på Toyotas produksjonssystem (Toyota Production System). Ordet *Lean* ble introdusert av John F. Krafcik i hans artikkel «Triumph of the Lean Production System» (11) i 1998. Sentralt i Lean er som nevnt tidligere møtestrukturer, formaliserte kontinuerlige forbedringer, forebyggende vedlikehold, medarbeiderinvolvering og -utvikling, visualisering, orden og ryddighet. For at en skal få til dette, trenger en en rekke verktøy, metoder og ledelsesprinsipper. I det operative forbedringsarbeidet i Lean skal ledelse og medarbeidere identifisere og fjerne sju typer sløsing (12):

1. unødvendig eller feil prosessering/behandling
2. overproduksjon
3. unødvendig transport og forflytning av varer
4. unødvendig bevegelse
5. venting
6. lager (inklusive mellomlager inne i prosessen)
7. korrigeringer og vrak

Selv om Lean opprinnelig er utviklet for produksjonsvirksomheter, har initiativet de siste årene fått stor internasjonal utbredelse også i private og offentlige tjenesteytende virksomheter. Definisjonene på sløsing er da tilpasset virksomhetens prosesser. Lean omfatter også forslag til strukturer for strategiutvikling og implementering (2), (13), strukturer for effektiv produktutvikling (14) og strukturer for effektiv prosessdesign (4), (5), (6) og (7).

1.2 Kort om Six Sigma

Six Sigma er på samme måte som Lean et ledelsesinitiativ. Selve begrepet Six Sigma betyr *seks standardavvik* og kan betraktes som et mål på ytelse. Opprinnelsen til navnet er Motorolas program for kvalitetsforbedring som ble lansert på midten av 1980-tallet. «Kjøretøyet» for å oppnå viktige forbedringer er å gjennomføre standardiserte forbedringsaktiviteter med tett oppfølging og støtte. Forbedringsaktivitetene følger den faktabaserte metoden DMAIC.

For å støtte virksomheten i Six Sigma-arbeidet definerer en formelle roller med klare ansvar og krav til kunnskap. Viktige roller er *eieren* av forbedringsaktiviteten (*champion*), styringsgruppen, prosjektlederen, prosjektveilederen og lederen for Six Sigma-programmet. Mer om roller og ansvar finnes i (15) og (16). Six Sigma omfatter også metoder for prosess- og produktdesign (15), (17). DMAIC er som tidligere nevnt utvidet med Lean-verktøy, slik at resultatet kalles Lean Six Sigma.

1.3 Kort om innholdet i bokas kapitler

Kapittel 1: Introduksjon

Dette kapitlet beskriver kortfattet hva Lean og Six Sigma handler om, og på hvilken måte de kompletterer hverandre.

Kapittel 2: Verktøyreferanse

Tabellen gir en alfabetisk oversikt over de viktigste verktøyene og metodene som beskrives i denne boka. Tabellen angir også i hvilken DMAIC-fase verktøyene vanligvis brukes, og i hvilket kapittel verktøyet er beskrevet.

Kapittel 3: Overordnet om metoden DMAIC

Problemløsningsmetoden DMAIC inkluderer verktøy for alle typer problemløsning. For ikke å miste perspektivet når en søker å forstå de enkelte verktøyene, er det hensiktsmessig å holde et øye med hvor i metoden en befinner seg. Dette kapitlet beskriver metodens veikart (*roadmap*). Det vil si de overordnede trinnene i metoden fra problembeskrivelse via kartlegging av årsakssammenhenger til løsninger og hva som skal til for at problemet ikke dukker opp igjen. Merk at denne boka beskriver DMAIC anvendt på prosessproblemer.

Kapittel 4–7: Beskrivelse av metodikken og verktøyene i DMAIC

Med utgangspunkt i veikartet for DMAIC beskriver disse kapitlene mer detaljert metoden og de tilhørende verktøyene. Kapitlene er skrevet med utgangspunkt i det operative behovet som prosjektledere, veiledere og prosjekteiere har i sine roller i Lean Six Sigma-forbedringsprosjekter.

Kapittel 8: Andre viktige verktøy

Dette kapitlet beskriver verktøy og metoder for idégenerering, prioritering, verdistrømsanalyse, arbeidsplassorganisering (5S) og raske omstillinger. Verdistrømskartlegging er tatt med i denne boka fordi det kan være et kraftig verktøy for å identifisere og fokusere prosjekter. Arbeidsplassorganisering og raske omstillinger er tatt med fordi de kan være aktuelle løsninger i L6S-prosjekter.

Kapittel 9: Maler

I dette kapitlet beskrives maler for å definere og dokumentere forbedringsprosjekter. Kapitlet inkluderer også en sjekkliste for bruk i arbeidsplassorganisering.

2 Verktøyreferanse

Figur 1 gir en alfabetisk oversikt over de viktigste verktøyene og metodene som beskrives i denne boka. Tabellen angir også i hvilken DMAIC-fase verktøyene vanligvis brukes, og i hvilket kapittel verktøyet er beskrevet.

Verktøy	FASE					Kapittel
	D	M	A	I	C	
5S – Arbeidsplassorganisering				•	•	8.5
Brainwriting	•	•	•	•	•	8.1, 8.2
Bruk av videokamera		•	•		•	5.4
Business case	•			•	•	4.2
Datainnsamlingsplan		•				5.5
Fiskebeinsdiagram		•	•			5.1
Flytskjemaer (aktivitetsflyt, funksjonsflyt)	•	•	•	•	•	5.3
Fremdriftsplan, Ganttdiagram	•	•	•	•	•	4.2
Histogram		•	•		•	5.6
Kommunikasjonsplan	•	•	•	•	•	4.1
Kontrolldiagram		•	•		•	5.6
Kravtre (CTQ-tre)	•			•		4.2
Kriteriematrise				•		6.1
Paretodiagram		•	•		•	5.6
Prioriteringsverktøy	•	•	•	•	•	6.1, 8.1, 8.3
Prosjektcharter (A3-mal)	•					9.1
Prosjektrapport/storyboard (A3-mal)	•	•	•	•	•	9.2, 9.3
Raske omstillinger				•		8.6
Risikoanalyse ved hjelp av FMEA, ROS		•		•		6.2, 6.3
Scatterdiagram		•	•		•	5.6
SIPOC	•					4.2
Spagettidiagram		•	•			5.3
Verdistrømskart	•	•	•	•		8.4

Figur 1. Verktøyreferanse.

3 Overordnet om metoden DMAIC

Lean Six Sigma-prosjekter følger problemløsningsmetoden DMAIC (3), (16), (18), (19). Metoden har fem faser: *define*, *measure*, *analyse*, *improve* og *control*. Denne boka beskriver DMAIC som metode for å løse prosessproblemer.

Følgende er viktige fordeler med metoden DMAIC:

1. Den kan brukes for alle typer forbedringsaktiviteter: i kontinuerlige forbedringer (1), i A3-problemløsning (1) og i forbedringsprosjekter.

2. Den gjør det mulig å standardisere gjennomføringen av alle forbedringsaktiviteter, inklusive forbedringsprosjekter.

3. Den krever en tydelig problembeskrivelse.

4. Den krever en tydelig definisjon av kravene til vellykket gjennomføring.

5. Den gir forutsigbarhet i tilnærming og beslutningspunkter for alle prioriterte interessenter.

6. Den inkluderer en kommunikasjonsplan for å ivareta de prioriterte interessentenes behov for involvering og informasjon.

7. Den krever at rotårsakene kartlegges.

8. Den krever at en vurderer alternative løsninger for å sikre at de «beste» løsningene velges.

9. Den krever at risiko vurderes for løsningene som foreslås.

10. Den gir mulighet for standardisering av en rapportmal (storyboard).

11. Den forenkler gjenbruk av resultater og spredning av kunnskap.

12. Den påvirker over tid ledere og medarbeidere til å bli mer faktabaserte, mer kundeorienterte og mer økonomisk orienterte i sitt daglige arbeid.

Figur 2 og Figur 3 illustrerer fremgangsmåten (*roadmap*) i DMAIC-metoden. Metodens faser er angitt nederst i de to figurene. I denne boka er fasene *measure* og *analyse* slått sammen. Se kommentar om dette til slutt i dette kapitlet. Selv om fasene er angitt sekvensielt, vil det i praksis være overlapping. I hver fase skal det svares på flere spørsmål. De viktigste er angitt med bokstaver øverst i figurene. Symbolene under spørsmålene representerer viktige verktøy som en normalt benytter for å komme frem til gode svar. Fiskebeinsdiagrammet i *measure*/*analyse*-fasen er et eksempel på et slikt verktøy. I tekstboksene over feltene som identifiserer metodens faser, angis andre viktige verktøy som også benyttes. Kommunikasjonsplan i *define*-fasen er et eksempel.

Figur 2 (DEFINE | MEASURE/ANALYSE):

A — Hva er problemet?

B — Hvor finnes viktige årsaker?

C — Hvem er kundene?

D — Hvilke krav har kundene?

E — Hva er ytelsen i dag i forhold til kravene?

F — Hvilke er de antatt viktigste rotårsakene til mangelfull ytelse?

Problem-beskrivelse

SIPOC

Stopp

Start

Behov

Kategori

Prosess-variabler

Først direkteårsaker deretter rotårsaker

| Roller | Komm. Plan | Gevinster | Fremdriftsplan | Risiko | | Prosessanalyse | Dataanalyse |

| DEFINE | MEASURE/ANALYSE |

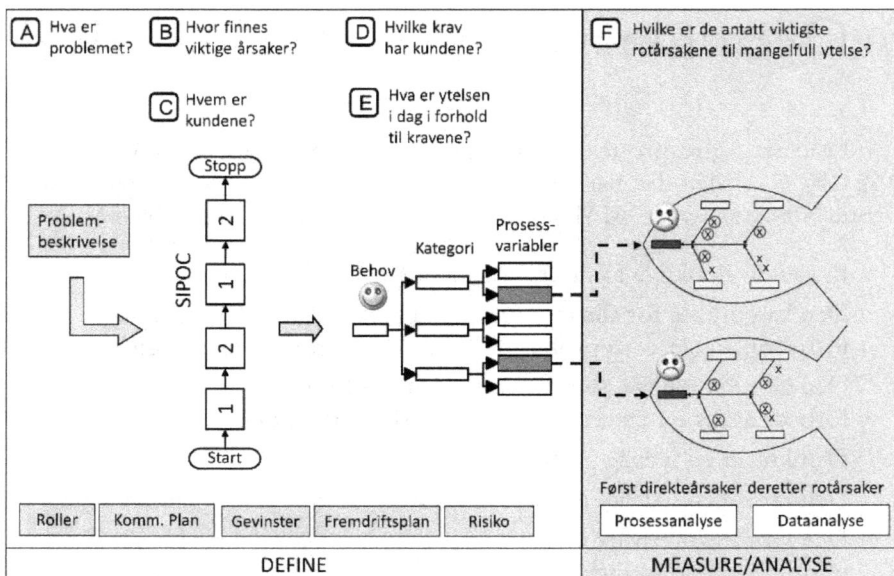

Figur 2. Visualisering av DMAIC-metoden, del 1.

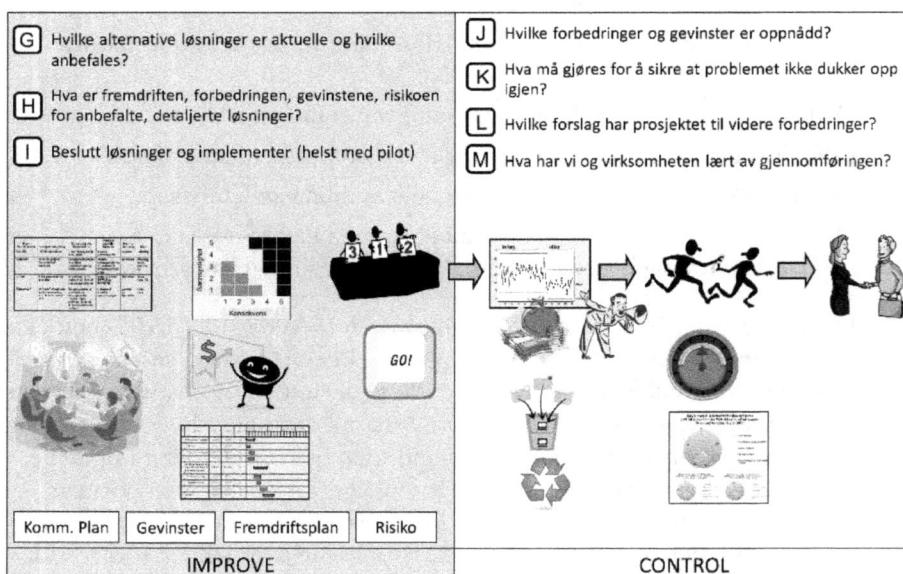

Figur 3 (IMPROVE | CONTROL):

G — Hvilke alternative løsninger er aktuelle og hvilke anbefales?

H — Hva er fremdriften, forbedringen, gevinstene, risikoen for anbefalte, detaljerte løsninger?

I — Beslutt løsninger og implementer (helst med pilot)

J — Hvilke forbedringer og gevinster er oppnådd?

K — Hva må gjøres for å sikre at problemet ikke dukker opp igjen?

L — Hvilke forslag har prosjektet til videre forbedringer?

M — Hva har vi og virksomheten lært av gjennomføringen?

GO!

| Komm. Plan | Gevinster | Fremdriftsplan | Risiko |

| IMPROVE | CONTROL |

Figur 3. Visualisering av DMAIC-metoden, del 2.

De følgende punktene er knyttet til figurene over og angir hva som typisk skal besvares i DMAIC-metodens faser:

1. Hva er problemet (*define*)?

   Her beskrives problemet som skal løses.

2. Hvor (i hvilken prosess) finnes viktige årsaker? (*define*)

   Her beskrives prosessen hvor det antas å være viktige årsaker til problemet.

3. Hvem er kundene? (*define*)

   Her identifiseres de viktigste kundene og andre interessentene til prosessen. Prosesskartet fra foregående trinn benyttes også for denne oppgaven. Prioriterte kunder skal markeres i prosesskartet. Det er disse som i neste trinn skal definere kravene til forbedringsaktiviteten.

4. Hvilke krav har kundene? (*define*)

   Her defineres de prioriterte kundenes prioriterte krav. I denne boka omfatter *kundekrav* også *kundebehovene*. Kravene konkretiserer problemet i form av variabler (CTQ-er) med tilhørende entydige mål. Dagens ytelse (*baseline*) for den eller de variablene som skal forbedres, bør angis.

5. Hvilke gevinster kan forventes? (*define*)

   Her beskrives økonomiske (business case) og andre gevinster ved vellykket gjennomføring av forbedringsprosjektet.

6. Andre leveranser i *define*-fasen.

   I tillegg til leveransene beskrevet over skal en lage en kommunikasjonsplan og en fremdriftsplan. Risikofaktorene som kan hindre vellykket gjennomføring, skal identifiseres sammen med korrektive tiltak.

7. Hvilke er de antatt viktigste rotårsakene? (*measure/analyse*)

   Her beskrives de antatt viktigste rotårsakene til mangelfull ytelse for de valgte CTQ-ene. Fiskebeinsdiagrammet kan en benytte for å visualisere årsakssammenhengene. Andre viktige verktøy for å styrke antakelsen om årsakssammenhenger er verktøy for datainnsamling, målesystemverifikasjon, prosesskartlegging og dataanalyse.

8. Hvilke kriterier legges til grunn for valg av løsninger? (*improve*)

   Her beskrives kriteriene med tilhørende vekting.

9. Hvilke alternative løsninger er aktuelle? (*improve*)

   Her beskrives alternative løsninger (konsepter, skisser) for å fjerne eller redusere rotårsakene.

10. Hvilke løsninger velges? (*improve*)

    Her prioriteres løsningene med utgangspunkt i de vektede kriteriene.

11. Hvordan ser de detaljerte løsningene ut?

    Her beskrives detaljerte løsningsforslag for de prioriterte løsningene.

12. Hva er de forventede forbedringene og det reviderte gevinstbildet? (*improve*)

    Her beskrives forventede forbedringer og gevinster som følge av vellykket implementering av de prioriterte løsningene.

13. Hva er den reviderte fremdriftsplanen? (*improve*)

    Her beskrives fremdriftsplanen for implementering av løsningene og den påfølgende *control*-fasen.

14. Hva er risikoen ved løsningene og forbedringsprosjektets videre fremdrift? (*improve*)

    Her beskrives risikoanalysen for løsningene og den videre fremdriften.

15. Hvilke forbedringer og gevinster ble oppnådd? (*control*)

    Her dokumenteres oppnådde forbedringer og tilhørende gevinster. Fakta bør legges til grunn for dokumentasjonen.

16. Hva er standardisert? (*control*)

    Her beskrives det en har standardisert for å sikre løsningenes varighet.

17. Hvilket nytt ansvar er definert? (*control*)

    Her beskrives endringer i ansvar for å sikre gjennomføring og oppfølging av løsningene. Endringer i ledernes standard arbeid inngår i dette (1).

18. Hvilke endringer i målesystemer og rapporter er gjennomført? (*control*)

    Her beskrives endringer som er nødvendige for å sikre faktabasert kontroll og oppfølging av den forbedrede prosessen.

19. Hvilke endringer er gjort i opplæringssystemet? (*control*)

    Her beskrives nødvendige endringer i opplæringen av ledere og medarbeidere i prosessen.

20. Hvilke gjenstående aktiviteter er overlevert til linjeleder/prosesseier? (*control*)

    Her beskrives gjenstående aktiviteter som er nødvendige for å oppnå prosjektets mål, men som av ulike årsaker gjennomføres og følges opp gjennom linjeorganisasjonen.

21. Hvilke gjenbruksmuligheter finnes? (*control*)

    Her beskrives resultater som kan gjenbrukes av andre i virksomheten.

22. Hvilke nye/videre forbedringer foreslås? (*control*)

    Her beskrives forslag til nye forbedringer som ikke allerede er angitt i punktet over.

23. Hva kan virksomheten lære av gjennomføringen? (*control*)

    Her beskrives evalueringen av prosjektgjennomføringen.

    Figur 4 oppsummerer viktige leveranser og verktøy i de ulike fasene.

	Define	Measure/analyse	Improve	Control
Viktige leveranser	· Problembeskrivelse · Overordnet beskrivelse av prosessen hvor viktige årsaker finnes · Prioriterte kunder og andre interessenter · Hvilke variabler (CTQ-er) som skal forbedres og kravene til disse · Ytelsen på CTQ-ene i dag (baseline) · Kommunikasjonsplan · Vurdering av økonomiske gevinster og andre gevinster · Fremdriftsplan · Risikofaktorer og mottiltak	· Prioriterte rotårsaker med begrunnelse	Oppdatert kommunikasjonsplan · Alternative løsninger · Kriterier for valg av løsninger · Risikovurdering for de ulike alternativene · Anbefalte løsninger · Oppdatert fremdriftsplan · Oppdatert vurdering av forventede forbedringer og gevinster · Resultater dersom løsninger er kjørt i pilot · Implementerte løsninger	· Oppnådde forbedringer · Oppnådde gevinster · Dokumenterte løsninger · Oppdaterte målesystemer og rapporter · Oppdaterte ansvars-beskrivelser som er overført til ledere og medarbeidere · Liste med gjenstående aktiviteter overført til prosesseiere · Oppdaterte opplæringsplaner · Beskrivelse av resultater som kan gjenbrukes · Forslag til videre forbedringer · Evaluering
Viktige verktøy	· Kommunikasjonsplan · SIPOC · Kravtre (CTQ-tre) · Ganttdiagram · Business case	· Fiskebeinsdiagram · Prosesskart · Datainnsamlings-plan · Analyse av målesystem · Dataanalyseverktøy	· Kommunikasjonsplan · FMEA, ROS · Kriteriematrise · Prioriteringsmatrise · Forsøksdesign	· Dataanalyseverktøy · Prosesskart · Ettpunktsleksjoner · Lederens standard arbeid

Figur 4. Viktige leveranser og verktøy i DMAIC.

Som tidligere nevnt beskriver denne boka DMAIC brukt i forbedringsprosjekter (L6S-prosjekter). L6S-prosjektenes rapport (storyboard) beskrives i et standardisert dokument (mal) med DMAIC-struktur. Dokumentet inkluderer de typiske verktøyene som skal benyttes. I kapittel 9.2 foreslås det at en benytter et lysbildeformat for storyboarden. Hvis en benytter muligheten til å skjule lysbilder, vil storyboarden kunne tilfredsstille flere behov – den vil kunne være

- prosjektets arbeidsdokument med plass til alt beslutningsunderlag

- prosjektets rapportdokument overfor styringsgruppe og prosjekteier

- utgangspunkt for kommunikasjon med viktige interessenter

- utgangspunkt for gjenbruk av fremgangsmåte, verktøy, analyser, løsninger og erfaringer

Kommentarer til DMAIC-metoden:

Gjennomføringen av DMAIC er basert på antakelser som bekreftes eller avkreftes underveis. Om prosjektet tar feil, kan det bety at en må gå et par skritt tilbake i metodens veikart. En må med andre ord forvente at det er overlapping mellom de ulike fasene i DMAIC.

I denne boka er fasene *measure* og *analyse* slått sammen. Grunnen er at det gjør det lettere å forstå teorien om kartlegging av årsakssammenhenger.

All datainnsamling og alle kartlegginger bør utføres av eller i tett samarbeid med personene som jobber i prosessene. Kartlegginger gjennomført i møterom bør suppleres med informasjonsinnhenting ute i prosessene der arbeidet foregår.

Plass til notater:

4 Definere prosjektet
(*define*)

I denne fasen skal L6S-prosjektet defineres. Utgangspunktet er at virksomheten har identifisert et problem som best løses gjennom et forbedringsprosjekt. Identifiseringen kan være et resultat av systematisk strategisk arbeid (2) eller en følge av et operativt behov. Verdistrømskart (kapittel 8.4) er ofte brukt i arbeidet med å identifisere prosjekter. Følgende er viktige spørsmål som skal besvares:

1. Hvem er prosjektets eier?
2. Hvem er prosjektleder?
3. Hvem deltar i prosjektet i de ulike fasene?
4. Hvem er prosjektets veileder?
5. Hvem er interessentene, og hvilken kommunikasjon er planlagt?
6. Hva er prosjektets tittel?
7. Hva er problemet?
8. I hvilken prosess antas det at viktige årsaker finnes?
9. Hvem er kunder til prosessen?
10. Hvilke krav har prosessens kunder (hva ønskes forbedret gjennom prosjektet)?
11. Hvilke gevinster forventes ved vellykket gjennomføring av prosjektet?
12. Er det andre krav til prosjektets leveranser (som inngår i *definition of done*)?
13. Hvilke føringer gjelder for prosjektet?
14. Hvilken fremdrift planlegges?
15. Hvilke er de største risikofaktorene for prosjektets fremdrift og resultat?

Svarene på disse spørsmålene er *leveransene* i *define*-fasen, og de viktigste skal oppsummeres i prosjektbeskrivelsen (se kapittel 9.1). De påfølgende underkapitlene beskriver flere detaljer ved leveransene og fremgangsmåten.

4.1 Prosjektroller, interessenter og kommunikasjonsplan

L6S-prosjekter skal være viktige prosjekter. Vellykket gjennomføring krever formalisme i prosjektrollene og kommunikasjonen. De følgende avsnittene beskriver prosjektrollene (16), (20) og hvordan eksterne interessenter bør håndteres.

Lederen for intern forretningsutvikling (Lean-manager)

Lederen for intern forretningsutvikling har overordnet ansvar for design og implementering av virksomhetens helhetlige strukturer for operativ kontroll og forbedring. Denne lederen skal sammen med virksomhetens Black Belts være pådriver og støtte for ledere og medarbeidere i arbeidet med strukturbyggingen. Lean-manageren bør være leder for prosjektstyringsgruppen (2) og skal derfor involveres i alle faser av L6S-prosjektet. Vedkommende skal ha Black Belt-kompetanse (se under).

Prosjekteieren

Prosjekteieren er normalt den lederen som eier problemet, og som dermed har den nødvendige motivasjonen til å følge opp og støtte prosjektet frem til suksess. Det er prosjekteieren og styringsgruppen (2) som til slutt godkjenner prosjektets leveranser og avslutter prosjektet. Prosjekteieren skal ha god kunnskap, helst på Green Belt-nivå (se under), om verktøy, metoder og roller i L6S. Mer om prosjekteierens rolle og ansvar finnes i (16). Prosjekteieren skal angis i prosjektbeskrivelsen (kapittel 9.1).

Prosjektlederen

Prosjektlederen er ansvarlig for å lede gjennomføringen av DMAIC-prosjektet. Hun skal ha detaljert kunnskap om verktøy, metoder og roller i L6S. Prosjektlederen skal derfor ha kunnskap på Green Belt-nivå (GB) eller Black Belt-nivå (BB). GB-kurs har åtte–ti dagers varighet og bør ha Lean (1) og L6S som hovedtemaer. Et BB-kurs bygger videre på GB med ytterligere åtte–ti dager med fordypning i blant annet dataanalyse, strategiutvikling og implementering av L6S. En GB-prosjektleder er normalt en person som til daglig har en operativ linjefunksjon. GB-prosjekter skal være mindre prosjekter med liten risiko og lite behov for investeringer. En GB-prosjektleder må forvente å bruke minst 20 % av sin tid på prosjektet. L6S-prosjekter med større omfang, risiko og/eller investeringer kategoriseres som BB-prosjekter. Prosjektlederen skal da ha BB-kompetanse. BB-prosjektlederen må forvente å bruke 50–100 % av sin tid på prosjektet. Det står mer om de formelle rollene i L6S i (16). Prosjektlederen skal angis i prosjektbeskrivelsen.

Prosjektveilederen (Lean-koordinatoren, Black Belt)

Alle L6S-prosjekter skal ha en veileder. Veilederen skal være en støtte med hensyn til verktøy og metoder, men også en pådriver for fremdriften. Veilederen skal være både kundens og virksomhetens «representant» i prosjektene. En prosjektveileder skal ha kunnskap på Black Belt-nivå og må regne med å bruke 10–30 % av sin tid per prosjekt. Prosjektveilederen skal angis i prosjektbeskrivelsen. Vedkommende jobber ofte på full tid med intern forretningsutvikling og kan ha Lean-koordinator eller Black Belt som tittel. Black Belt kan altså være både en rolle og et kompetansenivå.

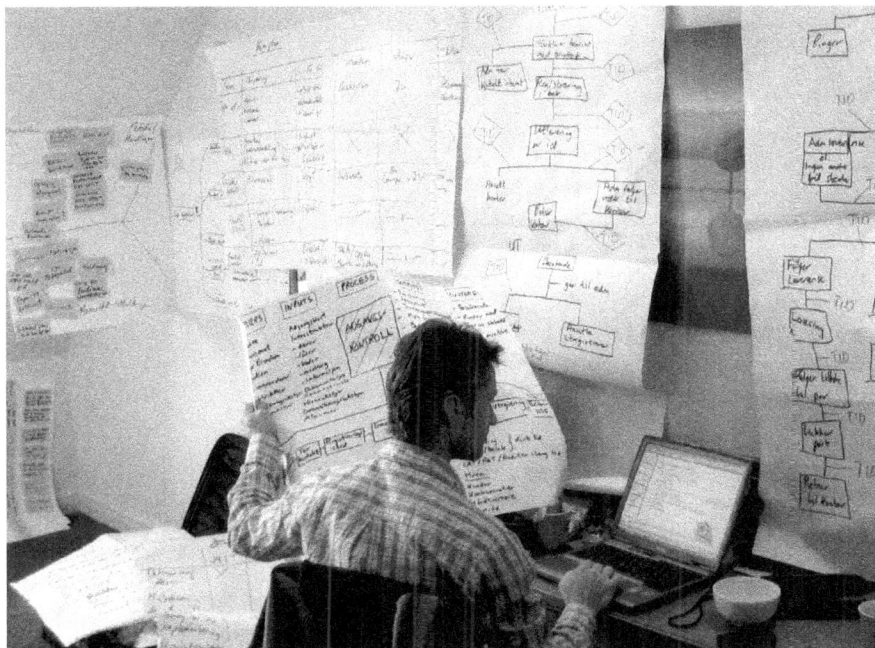

Figur 5. Prosjektlederen i arbeid.

Prosjektdeltakerne

I prosjektet deltar de personer som er nødvendige for at prosjektet blir vellykket. Tenk på følgende når prosjektdeltakerne skal velges:

1. Prosjektdeltakelsen kan tilpasses behovet i de ulike fasene av prosjektet. Det betyr altså at ikke alle må være med på alt hele tiden.

2. Deltakerne må samlet sett ha inngående kunnskap om alle deler av den prosessen som skal forbedres.

3. Prosjektets muligheter for rask fremdrift og suksess krever god håndtering av mennesker underveis. Vurder derfor å ta med kunder, leverandører, fagforeninger og andre sentrale interessenter som deltakere i prosjektet.

4. Prosjektdeltakerne bør som minimum ha basiskunnskap om DMAIC-metoden og hovedverktøyene CTQ-treet, SIPOC og fiskebeinsdiagrammer.

5. Det bør ikke være særlig flere enn seks samtidige deltakere i tillegg til prosjektlederen.

Prosjektdeltakerne skal angis i prosjektbeskrivelsen. En god måte å gjøre dette på er å bruke en tabell som vist i Figur 6. Legg merke til følgende:

- Av plasshensyn brukes initialer inne i tabellen.

- Fullt navn og funksjon/posisjon angis rett over tabellen. Dette gjør det mulig for viktige interessenter å vurdere om prosjektlederen og prosjekteieren har gjort tverrfaglige og helhetlige vurderinger ved valg av deltakere.

- Normalt skal bare personer som forventes å måtte bruke en vesentlig andel av sin tid (> 5 %), angis som deltakere. Personer som intervjues og/eller deltar i kartlegging/måling uten at det påvirker deres primæroppgaver, skal normalt ikke angis som deltakere. Det kan være kommunikasjonsmessige hensyn som gjør at dette prinsippet fravikes.

- Linjeledere som avgir ressurser til prosjektet, skal formelt godkjenne ressursbruken.

Figur 6 er en illustrasjon på hvordan prosjektdeltakerne kan angis i prosjektbeskrivelsen.

Define	Measure/analyse	Improve	Control
ND, TK, KS	ND, FT, MF	ND, TK, MF,KS, FT	ND, MF

Figur 6. Tabell med prosjektdeltakerne i de ulike fasene.

Prosjektdeltakere: Nina Dyrli (ND, logistikk), Tor Karlsen (TK, fagforeningen), Karl Sundstrøm (KS, kredittvurdering), Mary Flory (MF, salg), Finn Torsen (FT, skiftleder).

Interessenter og kommunikasjonsplan

Når prosjektdeltakerne er valgt, skal de «eksterne» interessentene (21) til prosjektet identifiseres. Interessentene er alle som påvirkes av prosjektet eller prosjektets løsninger. Personer som kan påvirke prosjektets fremdrift eller resultat, er også interessenter. Personer som har en formell rolle i prosjektet (se over), betraktes ikke som eksterne interessenter. Prosjektet skal avklare prioriterte interessenters forventninger og krav til kommunikasjon. Identifiseringen og prioriteringen av disse kan gjøres ved hjelp av *brainwriting* og *votering* (kapittel 8.1). En benytter en kommunikasjonsplan (Figur 7) for å forberede første dialog med interessentene. Planen oppdateres deretter løpende med avtalte kommunikasjonsaktiviteter. God kommunikasjon fører ofte til tidlige forbedringer. Det finnes verktøy i litteraturen for å gjøre en formell interessentanalyse. Flere av dem inkluderer en tallmessig vurdering av enkeltpersoners og gruppers innstilling til prosjektet. Slike verktøy må brukes med forsiktighet, eller kanskje helst unngås.

Interessent	Viktigste bekymring	Hva ønsker teamet å formidle/ oppnå?	Hvordan formidle budskap?	Hvem er ansvarlig?	Når?
Adm.dir.	Vil ikke nå målene	At prosjektet vil lykkes	Status-oppdatering	Prosjekteier	Ukentlig
Skiftleder	Vil bruke «uunnværlige» ressurser	At prosjektets resultat vil gi færre brannslukkinger og en bedre hverdag	Uformell status-oppdatering og invitasjon til prosjekt-gjennomganger	Prosjektleder	Månedlig, første gang før 1.2.
Kunde	Dårligere kvalitet på produktet	At kvaliteten blir bedre	Invitere til å delta i *define* og *improve*	Prosjektleder	Neste møte 1.2.
Salgssjef	At prosjektet blir forsinket slik at kundene blir misfornøyd	At prosjektet vil holde tidsfristen	Invitasjon til prosjekt-gjennomganger	Prosjekteier	Neste status-møte 15.2.

Figur 7. Eksempel på kommunikasjonsplan.

Plass til notater:

_____

_____

_____

_____

_____

_____

_____

_____

_____

_____

_____

_____

_____

_____

4.2 Definere oppdraget

Vellykket gjennomføring krever at L6S-prosjektet og kravene til sluttleveranser defineres objektivt og entydig. Det er virksomheten og/eller prosjekteieren som er ansvarlig for identifiseringen av prosjektet (2). Av hensyn til motivasjon, engasjement og eierskap bør prosjektlederen og deltakerne ha ansvaret for defineringen, selv om det skal skje i tett dialog med prosjekteieren, Lean-manageren og prosjektveilederen. Hovedresultatene av defineringsarbeidet skal dokumenteres i prosjektbeskrivelsen sammen med rollene (se over).

Følgende spørsmål skal besvares:

1. Hva er prosjektets tittel?
2. Hva er problemet (problembeskrivelsen)?
3. I hvilken prosess antas det at viktige årsaker finnes?
4. Hvem er prosessens kunder?
5. Hvilke krav har kundene til prosessen (hva ønskes forbedret)?
6. Hvilke gevinster forventes ved vellykket gjennomføring?
7. Er det andre krav til prosjektets leveranser (som inngår i *definition of done*)?
8. Hvilke føringer gjelder for prosjektet?
9. Hvilken fremdrift planlegges?
10. Hvilke er de største risikofaktorene for prosjektets fremdrift og resultat?

De neste avsnittene gir innspill på hvordan disse spørsmålene skal besvares.

Prosjektets tittel

Prosjektets tittel er en setning som forteller hva prosjektet har til hensikt å oppnå. Tittelen bør derfor inneholde ett verb. Tittelen skal ikke si noe om løsninger. Det kan være lettest å lage tittelen etter problembeskrivelsen.

Følgende er eksempler på prosjekttitler:

- Å redusere gjennomløpstiden i den globale leveransekjeden for produkt X
- Å bedre kundetilfredsheten med tjeneste Y
- Å redusere antall kvalitetsavvik på inngående varer
- Å redusere antall saksbehandlingsfeil i søknadsprosessen
- Å redusere stopptiden på linje 1
- Å redusere utviklingstiden for nye produkter
- Å redusere fraværet i utviklingsavdelingen
- Å bedre kapasitetsutnyttelsen for produksjon av produkt Z
- Å redusere risikoen for å mislykkes med lansering av nytt produkt Z i USA

Hva er problemet? (problembeskrivelsen)

Problembeskrivelsen bør begrenses til noen få setninger og ta hensyn til følgende:

1. Den skal være løsningsnøytral.
2. Den bør ikke si noe om årsaker (med mindre disse er kjent).
3. Den bør beskrive (mulige) negative konsekvenser av problemet.
4. Den kan med fordel inkludere historiske tall og kjente eksempler.
5. Den bør ha forretningsperspektiv.

Eksempler på problembeskrivelser:

- Virksomhetens prosess for innkreving av fakturaer er mangelfull. Konsekvensene er dårlig forutsigbarhet i likviditetsstyringen, rentetap, tap på fordringer og høye kostnader knyttet til innkrevingen. I fjor var de direkte tapene på NOK 15 mill.

- Våre byggeprosjekter mottar i dag arbeidstegninger med mangelfull kvalitet. Dette fører til mange kvalitetsavvik, feilproduksjon, forsinkelse i leveransene og stor frustrasjon blant medarbeidere. De økonomiske konsekvensene per år er minimum på NOK 30 mill.

- Nivået på virksomhetens varelager er for høyt og har vist en stigende tendens de siste seks månedene. Konsekvensen er dårlig likviditet og potensielt store fremtidige avskrivninger. Varelageret er i dag på NOK 305 mill., som er 25 % høyere enn for 6 måneder siden.

- Behandlingstiden for byggesøknader er for lang og har for stor variasjon. Sist år brøt vi lovpålagt frist for 37 % av søknadene. Vårt omdømme som servicevirksomhet står på spill, og det er stor frustrasjon blant våre medarbeidere på grunn av negativ omtale i mediene og sinte kunder.

- Effektiviteten i våre testprosesser er i dag ikke god nok. Testingen er derfor en flaskehals som fører til for høy gjennomløpstid. Den mangelfulle ytelsen fører til stress hos medarbeiderne, og risikoen for ikke å fange opp feil før produktene sendes til kundene, er for høy.

- Yteevnen til freseprosessen er i dag for lav. Konsekvensen er for mye vrak, kostbar allkontroll og forsinkelser i leveransene. Tap av kunder er sannsynlig om problemet ikke løses. Kunde XY har gitt varsel om oppsigelse av kontrakt om leveransepresisjonen ikke bedres.

- Virksomheten planlegger å lansere produkt Y i det amerikanske markedet neste år. Det forventes at en vellykket lansering umiddelbart vil kreve en økning i produksjonsvolumet med 25 %. Det er usikkert om vår produksjonsprosess har den nødvendige kapasiteten. Leveranseevne er en kritisk suksessfaktor for det amerikanske markedet.

Det er normalt at problembeskrivelsen endres flere ganger i *define*-fasen.

I hvilken prosess finnes viktige årsaker, og hvem er kundene?

Med utgangspunkt i problembeskrivelsen skal prosjektet beskrive prosessen der viktige årsaker finnes. Kartleggingsverktøyet SIPOC skal benyttes. Verktøyet gir en overordnet visualisering av prosessen. SIPOC står for *suppliers, inputs, process, outputs* og *customers*. I *define*-fasen viser SIPOC hvordan prosessen ser ut i dag. Figur 8 viser en SIPOC-mal. *Kundene* i SIPOC-en omfatter alle viktige interessenter til prosessen. Figur 9 viser et eksempel på en utfylt SIPOC slik den kan se ut for prosessen *forberede og servere egg* hjemme hos en familie.

SIPOC-verktøyet

1. tydeliggjør prosessens avgrensninger (start og stopp);
2. tydeliggjør prosessens leveranser (outputs). Problemet bør være knyttet til én eller flere av prosessens angitte leveranser;
3. gir mulighet til å prioritere prosessleveranser;
4. tydeliggjør prosessens kunder;
5. gir mulighet til å prioritere kunder;
6. angir prosesstrinnene der det antas at det finnes viktige årsaker;
7. angir inputs til prosessen;
8. gir mulighet til å prioritere inputs til prosessen;
9. angir hvem som er leverandører til prosessen;
10. gir mulighet til å prioritere leverandører til prosessen.

Visuelle prioriteringer i SIPOC bør gjøres ved bruk av farger, linjer, piler eller bokser. Alle prioriteringer bør begrunnes i direkte tilknytning til SIPOC-figuren i storyboarden.

Følgende er eksempler på prioriteringer:

- Blant de ulike kundesegmentene velger prosjektet å konsentrere seg om kundesegmentet definert som *sluttkunder med en omsetning på over NOK 150 mill.*

- Problembeskrivelsen peker på manglende lønnsomhet i en tjenesteprosess. Prosjektets viktigste kunde er prosesseieren, som krever ressurseffektivisering.

- Blant alle leveranser fra prosessen velger prosjektet å konsentrere seg om de produkter som står for 80 % av problemet.

- Prosjektet velger å konsentrere seg om trinn 2 og 5 i prosessen fordi eksisterende tallmateriale viser at de viktigste årsakene finnes her.

- Prosjektet prioriterer tre av prosessens inputs fordi disse er representative for øvrige inputs og lette å måle.

- Prosjektet velger å prioritere én spesifikk leverandør fordi denne er hovedleverandør og ansvarlig for viktige mangler på inngående produkter.

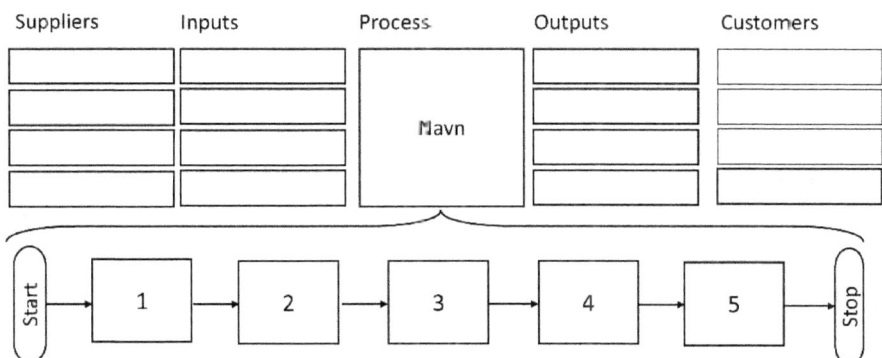

Figur 8. SIPOC-mal for overordnede prosesskart.

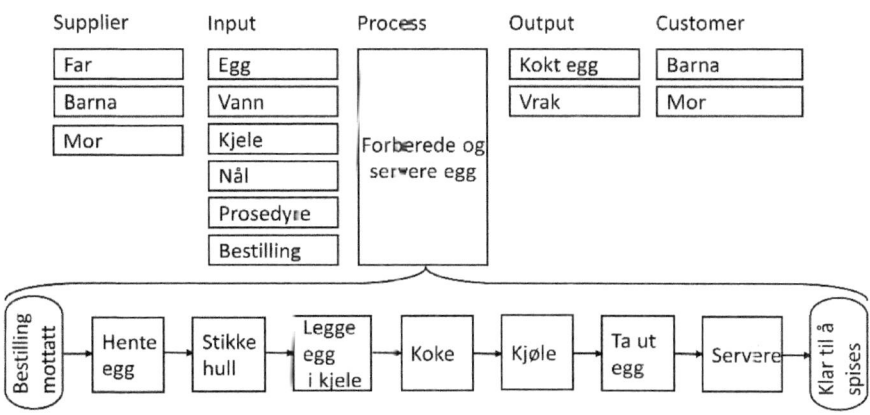

Figur 9. SIPOC-kart for prosessen *forberede og servere egg*.

Fremgangsmåten for å lage en SIPOC er som følger:

1. Definer prosessens start og stopp. Start og stopp er tidspunkter og ikke aktiviteter.

2. Angi prosessen navn (eksempel: *forberede og servere egg*).

3. Angi prosessens leveranser (outputs).

4. Angi prosessens kunder. Andre prioriterte interessenter er også kunder.

5. Angi de viktigste prosesstrinnene.

6. Angi relevante inputs til prosessen.

7. Angi leverandørene (suppliers) til prosessen.

I SIPOC-en er rekkefølgen på leverandørene i utgangspunktet uavhengig av rekkefølgen på prosessens inputs. Det behøver altså ikke å være slik at leverandøren angitt på linje 1 leverer inputs på linje 1. Det samme prinsippet gjelder for outputs og kunder.

Forklarende tillegg til de ulike elementene i SIPOC

Customers (kunder): Kundene er alle som har krav, ønsker og forventninger til prosessen og prosessens leveranser. En kunde kan være intern eller ekstern. Kunder kan være ett eller flere markedssegmenter, en etterfølgende prosess eller et system. Den som eier prosessen, myndigheter, fagforeninger, bransjeorganisasjoner med flere er også kunder. Kun kunder som er relevante for problembeskrivelsen, skal angis. Prosjektets prioriterte kunder bør markeres i SIPOC.

Outputs (leveranser): Problemet som skal løses, skal være knyttet til én eller flere av prosessens leveranser. Prosjektets prioriterte leveranser bør markeres i SIPOC.

Process (prosessen): Det behøver ikke å være slik at alle trinn i en SIPOC gjennomføres hver gang. Det behøver heller ikke å være slik at alle trinn gjøres i samme rekkefølge hver gang. På dette tidspunkt i prosjektet skal det beskrives hvordan prosessen i hovedsak gjennomføres i dag. Eksempel: En bensinstasjonseier ønsker å redusere gjennomløpstiden for kundene. Han tegner en SIPOC som blant annet inneholder trinnene *fylle drivstoff*, *gå på toalettet* og *handle*. Dette kan være den typiske rekkefølgen, men ikke alle gjennomfører alle trinnene, og kundene velger kanskje også en annen rekkefølge. Prosessens *start* og *stopp* skal angis i prosjektbeskrivelsen.

Inputs/outputs: Mulige inputs og outputs er fysiske produkter, tjenester, informasjon, kompetanse, beslutninger, ressurser, rutiner, prosedyrer, metoder, rammevilkår, lovverk, HMS-krav, hygienekrav, brannforskrifter med mer. Systemer, infrastruktur, maskiner (fastmontert) og annet som finnes inne i prosessen hele tiden, vil normalt ikke angis som inputs til prosessen.

Når SIPOC-en er beskrevet, bør prosjektlederen igjen vurdere om deltakerne har nødvendig kunnskap om prosessen, og eventuelt gjøre endringer.

Dersom viktige årsaker til problemet finnes i flere prosesser, det vil si flere SIPOC-er, bør en vurdere om prosjektet kan avgrenses til én av prosessene. Om en konkluderer med at flere prosesser skal forbedres, anbefales det å etablere ett delprosjekt for hver prosess. Hvert delprosjekt får da samme overordnede problem, men fokuserte delproblemer. De enkelte delprosjektene oppretter da egne storyboarder.

Det kan være aktuelt å tegne et helhetlig flytdiagram (kapittel 5.3) allerede i *define*-fasen om det er behov for å gi alle deltakerne et felles syn på prosessen som skal forbedres.

Hvilke krav har prosessens kunder?

Om problembeskrivelsen ikke angir hvilke variabler som skal forbedres, så må de kartlegges. Følgende problembeskrivelse illustrerer behovet for konkretisering:

En kundeundersøkelse viser at våre kunder ikke er tilfreds med vår serviceprosess. I fjor mistet vi to av våre viktigste kunder. Konsekvensen er tap av omsetning og risiko for at vi ikke når våre langsiktige, strategiske mål.

I slike tilfeller er det altså uklart hvilke prosessvariabler og hvilke produkter/tjenestevariabler som må forbedres for å redusere eller fjerne problemet slik det er beskrevet. Kundenes behov og krav må da konkretiseres i form av variabler. Resultatet visualiseres ved hjelp av en trestruktur slik det er vist i Figur 11. Eksemplet visualiserer hva som skal til for at en prioritert kunde blir fornøyd med en kundeserviceprosess. Treet bryter ned det lite konkrete kravet om «god kundeservice» til målbare variabler med tilhørende krav på høyre side. Figuren viser at kunden har prioritert variablene *behandlingstid* og *løser kundens problem*. Kravene til variablene er henholdsvis *mindre enn to minutter* og *mer enn 90 % av alle henvendelser.*

I litteraturen kalles treet et *CTQ-tre* og variablene *CTQ-er*. CTQ står for *critical to quality*. CTQ-treet forteller altså hva som skal til for at en kunde, en kundegruppe eller et kundesegment blir fornøyd. Det bør lages ett CTQ-tre per prioritert kunde i SIPOC. Kundenes prioriterte CTQ-er konkretiserer problembeskrivelsen i form av variabler som L6S-prosjektet skal forbedre. Eksempler på andre CTQ-er er gjennomløpstid, ledetid, stopptid, leveransepresisjon, ressurseffektivitet og defektandel. En rettesnor for gode prosesskrav er SMART-regelen: Variabelen skal være spesifikk og målbar. Målet skal være ambisiøst, realistisk og tidsbegrenset.

Prioriterte CTQ-er skal angis i prosjektbeskrivelsen, gjerne i en tabell med følgende format:

Variabel	Status i dag (baseline)	Prosjektets mål	Ideelt
Behandlingstid	Gjennomsnitt: 10 minutter	Mindre enn 2 minutter	1 minutt
Andel løste kundeproblemer.	73 % løses ved første henvendelse.	>90 % ved første henvendelse.	100 %

Figur 10. Variabler som prosjektet skal forbedre.

Om de prioriterte variablene er identifisert når prosjektet mobiliseres, og angitt i problembeskrivelsen, kan en fylle ut tabellen i Figur 10 uten å tegne opp CTQ-treet. Variablene som angis i tabellen, skal i utgangspunktet ikke være av økonomisk karakter. Økonomiske gevinster som følge av forbedrede operative variabler beskrives i prosjektets businesscase (se senere i kapitlet).

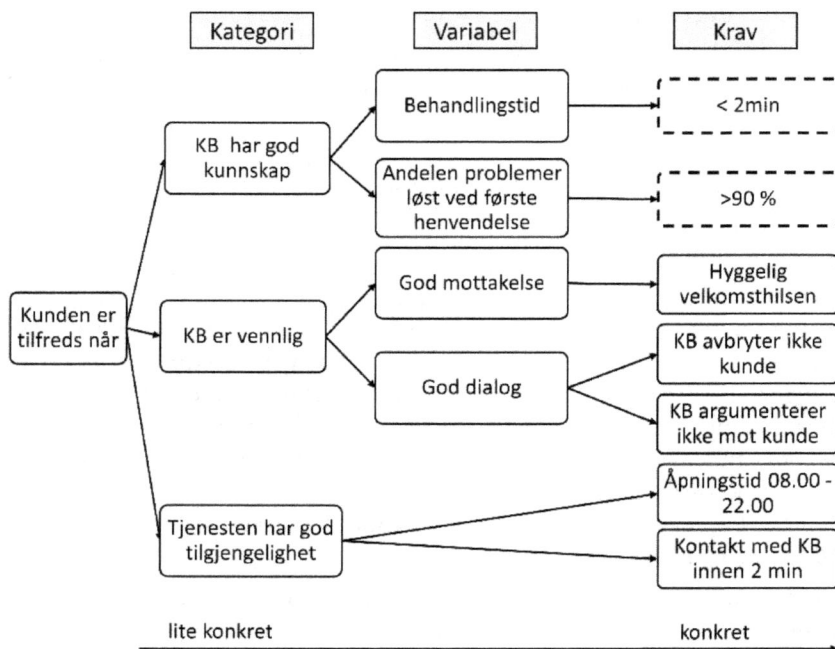

Figur 11. Eksempel på CTQ-tre for kundeservice; KB = kundebehandler.

Fremgangsmåten for å utvikle kravtreet er som følger:

1. Prosjektet lager et eget forslag til kravtre for hver av kundene som er prioritert i SIPOC. Hensikten er å komme frem til gode spørsmål og planlegge innhentingen av kundens krav og behov.

2. Om det er mulig, bør minst to personer besøke kunden i det operative miljøet. Gjennom å observere, lytte, snakke med og intervjue skal en kartlegge og forstå kundebehovene og kundekravene. I dette ligger det også at en skal se etter muligheter til å komplettere og effektivisere leveransene. Dersom det er mange kunder, er markedsundersøkelse et mulig verktøy for å innhente behov og krav (22).

3. Forslaget til kravtre oppdateres basert på ny kunnskap etter kundedialogen. Resultatet bør til slutt gjennomgås sammen med og bekreftes av kunden. Om kundens krav går på bekostning av andre interessenters krav, skal alle krav kartlegges. Basert på en helhetlig forståelse skal balanserte krav utarbeides og avtales.

Om kravtreet har mange variabler, kan det være nødvendig å be kundene om å prioritere. Prioriteringsverktøy er beskrevet i kapittel 6.1 og 8.3.

Hvilke gevinster forventes ved vellykket gjennomføring?

Et krav til L6S-prosjekter er at gevinstene (businesscasen) ved vellykket gjennomføring skal vurderes og angis i prosjektbeskrivelsen. Potensielle gevinster er normalt et kriterium for prioritering av prosjekter (2). Det er hensiktsmessig å skille mellom to typer gevinster:

- økonomiske gevinster

- andre gevinster som er sannsynlige, men som ikke skal dokumenteres (med mindre dokumentasjonen er lett å fremskaffe)

Gevinstene skal vurderes i *define*-fasen, i forbindelse med løsningsforslagene i *improve*-fasen og ved prosjektets slutt i *control*-fasen. Eksempler på økonomiske gevinster er økte inntekter, reduserte kostnader, redusert kapitalbinding, bedret kontantstrøm og utsatte investeringer. Beregning av økonomiske gevinster bør alltid inkludere nødvendige kostnader og investeringer. Prosjektets timebruk inngår i dette.

Figur 12 viser en enkel regnearkoppstilling for prosjektets økonomiske gevinster. Det er ingenting i veien for å benytte to kolonner med «minimumsverdier» og «maksimumsverdier». Om prosjektets resultater kan gjenbrukes i virksomheten, bør en vurdere også å ta med grovestimater av tilhørende økonomiske gevinster. Om gevinstene er store og/eller skal vurderes over flere år, bør prosjektet involvere virksomhetens økonomifunksjon for å finne en hensiktsmessig form på gevinstberegningen. De økonomiske beregningene skal oppsummeres i prosjektbeskrivelsen og i storyboarden.

I noen prosjekter er det mest hensiktsmessig å beskrive de økonomiske gevinstene gjennom en tekstlig argumentasjon. Dette vil for eksempel kunne være aktuelt i prosjekter som skal redusere risiko eller bidra til økte fremtidige inntekter.

Inntekter/besparelser	Forventet
Redusert vrak	350
Økt materialutnyttelse	75
Sum	425
Kostnader	
Interne timer	60
Ekstern bistand	55
Nytt utstyr	100
Sum kostnader	215
Gevinst	210

Figur 12. Regneark med forventede økonomiske gevinster.

Det kan være tilfeller der de økonomiske konsekvensene av prosjektet ikke bør beskrives. Dette kan for eksempel gjelde om prosjektets mål er å redusere risiko for personskader.

Andre gevinster er viktige gevinster som er sannsynlige, men som prosjektet ikke behøver å dokumentere. En skal angi dem for å styrke argumentasjonen for at prosjektet er viktig.

Følgende er eksempler på *andre gevinster*:

- bedret ytelse i andre prosesser, eventuelt lenger frem i verdistrømmen
- bedret ytelse for andre variabler i samme prosess (angi hvilke)
- bedret medarbeidertilfredshet
- bedret kundetilfredshet
- mindre stress
- bedret omdømme
- redusert risiko (HMS, økonomi, kvalitet, omdømme, fremdrift med mer)

Er det andre krav til prosjektets leveranser (*definition of done*)?

Så langt er kravene til forbedring (CTQ-ene) og tilhørende gevinster ved vellykket gjennomføring kartlagt. Om en går igjennom typiske leveranser i *control*-fasen (kapittel 7), identifiserer en kanskje flere og mer helhetlige krav som det er viktig å få avstemt med prosjektet allerede i *define*-fasen.

De helhetlige kravene kan grupperes i kategoriene *forbedring*, *varighet* og *videre muligheter*:

- I kategorien *forbedring* inngår kravene til forbedring og gevinster slik de er beskrevet tidligere i kapitlet.

- I kategorien *varighet* inngår overordnede krav til leveranser som en antar vil bli nødvendige for å sikre varig forbedring. Eksempler er at prosjektets skal
    - o beskrive nytt ansvar og endringer i ledernes standard arbeid (1)
    - o etablere/oppdatere relevante målesystemer og rapporter
    - o oppdatere relevante prosessbeskrivelser og rutiner i kvalitetssystemet
    - o gjennomføre opplæring
    - o gjøre nødvendige endringer i opplæringsprogrammer

- I kategorien *videre muligheter* inngår overordnede krav til leveranser for bruk i virksomhetens videre forbedringsarbeid. Eksempler er at prosjektet skal
    - o beskrive mulig gjenbruk av prosjektresultater og forberede for dette
    - o beskrive forslag til videre forbedringer
    - o evaluere prosjektets arbeid med metoder og verktøy, virksomhetens maler, ressursallokeringen, kompetanse og opplæring i L6S og støtten fra prosjekteieren, prosjektveiledere og styringsgruppen

De helhetlige kravene definerer kriteriene for vellykket gjennomføring
(*definition of done*) og skal angis i prosjektbeskrivelsen (kapittel 9.1). Kartleggingen
av de helhetlige kravene kan bety endringer i kommunikasjonsplanen og
prosjektdeltakelsen.

Hvilke føringer gjelder for prosjektet?

En *føring* er godkjente og/eller pålagte avgrensninger som gjelder for
prosjektets innhold og leveranser. Følgende er eksempler på hva føringer kan
være knyttet til:

- hvilke kunder som skal prioriteres

- hvilke produkter som skal prioriteres

- hvilke avdelinger som omfattes

- hvilke variabler som ikke skal påvirkes negativt av prosjektets resultater

- hvilke løsninger som ikke er aktuelle å vurdere

- hvilke budsjettmessige restriksjoner som gjelder

Føringene skal angis i prosjektbeskrivelsen (kapittel 9.1).

Hva er den planlagte fremdriften?

Fremdriftsplanen er et sentralt verktøy for både planlegging og oppfølging.
Planen skal som et minimum inkludere milepæler, hovedaktiviteter og ansvar.
Milepælene er konkrete tidspunkter som forteller når noe er ferdig og godkjent.
De kan samsvare med leveransene i de ulike fasene i DMAIC. Et eksempel på
en milepæl er *når prosjektbeskrivelsen er definert og godkjent av prosjekteieren*. Et
eksempel på en fremdriftsplan i form av et Gantt-diagram (3) er vist i Figur 13. I
figuren markerer raden *ID 1* tidsrommet for å oppnå milepæl 1. *ID 2–4*
konkretiserer viktige aktiviteter for å oppnå milepæl 1. Milepæl 2, 3 og så videre
beskrives på tilsvarende måte.

Det anbefales at en fastlegger møteplanen for prosjektperioden allerede i
starten av prosjektet. Møteplanen kan for eksempel angis som vist i Figur 14.
Det er en god regel at prosjektet har møter minst én gang per uke.
Prosjektlederen og prosjektveilederen skal avklare sistnevntes deltakelse og rolle
i møtene.

Fremdriftsplanen og møteplanen inngår i prosjektets storyboard.
Milepælene skal angis i prosjektbeskrivelsen.

ID	Milepæler og aktiviteter	Varighet	Ansv.	Aug 20xx	Sep 20xx	Okt 20xx	Nov 20xx	Des 20xx
1	Når charteret er godkjent (Define)	31 dg	Hanna					
2	Lage SIPOC	8 dg	Peter					
3	Identifisere kundekrav	21 dg	Nina					
4	Lage BC og fremdriftsplan	7 dg	Peter					
5	Når prioriterte rotårsaker er valgt (Measure/Analyze)	26 dg	Hanna					
6	Kartlegge mulige direkte årsaker	14 dg	Peter					
7	Kartlegge prosessen	7 dg	Nina					
8	Måle årsak - virkning	21 dg	Nina					
9	Når løsninger er godkjent (Improve)	28 dg	Hanna					

Figur 13. Fremdriftsplan (Gantt-diagram).

Dato: 14.2.	Dato: 17.2.	Dato: 21.2.	Dato: 24.2.	Dato: 28.2.	Dato: 2.3.
Tid: 10–12	Tid: 10–12	Tid: 10–12	Tid: 10–12	Tid: 10–12	Tid: 10–12
Sted: rom 10	Sted: rom 10	Sted: rom 10	Sted: rom 10	Sted: rom 10	Sted: rom 10

Figur 14. Prosjektets møteplan.

Hvilke er prosjektets risikofaktorer?

Det er alltid en risiko for at prosjektets fremdrift og/eller resultat ikke blir som forventet. Prosjektet skal derfor løpende analysere risikoen og angi de viktigste risikofaktorene med tilhørende korrektive tiltak i prosjektets storyboard. Risikofaktorene identifisert i *define*-fasen skal også angis i prosjektbeskrivelsen. Risikofaktorene med korrektive tiltak skal stå sentralt i kommunikasjonen med prosjekteieren, styringsgruppe og prosjektveilederen.

Plass til notater:

4.3 Merknader

DMAIC-prosjekter uten dataanalyse og faktabaserte beslutninger

I noen L6S-prosjekter er det umulig eller lite hensiktsmessig å måle ytelsen på variablene som skal forbedres og/eller årsakene til mangelfull ytelse. Mulige grunner til dette kan være

- at datainnsamlingen blir for kostbar og/eller for tidkrevende
- at prosjektet skal redusere (fremtidig) risiko og data derfor ikke er tilgjengelige eller er umulige å samle inn
- at det er mangler i målesystemet som gjør at datakvaliteten blir for dårlig

DMAIC-metoden kan likevel benyttes. Faktabasert analyse og ditto beslutninger erstattes da av votering og/eller prosesskartlegging. Konsekvenser av feilaktige beslutninger skal i slike tilfeller vurderes nøye. Prosjekteieren skal godkjenne forslag om ikke å måle

- dagens ytelse (baseline) for CTQ-ene
- ytelsen for CTQ-ene i *control*-fasen.
- direkteårsakene (kapittel 5.1) til mangelfull ytelse

Når DMAIC tillates brukt slik som foreslått over, kan metoden standardiseres for alle forbedringsaktiviteter, ikke bare forbedringsprosjekter.

Bruk av markedsundersøkelsesverktøy til å kartlegge behov og krav

Om kundekrav skal kartlegges gjennom en markedsundersøkelse, er det viktig at prosjektet sørger for tilgang til kompetanse om planlegging, formulering av spørsmål, gjennomføring og analyse. Tid og kostnader gjør at denne type datainnsamling må være vellykket i første forsøk.

Det er ikke feil å vente med å definere mål til *measure/analyse*-fasen

For noen prosjekter er det i *define*-fasen uklart hva målene skal være for de prioriterte CTQ-ene. Én årsak kan være at en ikke vet hva ytelsen (*baseline*) er. En annen årsak kan være at potensialet for forbedring er ukjent. I stedet for å risikere for ambisiøse eller for moderate mål kan prosjekteieren velge å la prosjektet fortsette inn i *measure/analyse*-fasen uten tallfestede mål. Etter hvert som prosjektet gjør målinger og jobber med å forstå årsakssammenhenger, vil kunnskapen om forbedringspotensialet vokse frem. Når denne innsikten foreligger, kan målene defineres. I disse tilfellene er det hensiktsmessig for motivasjonen og engasjementet at prosjekteieren lar prosjektet foreslå målene. Om foreslåtte mål mot formodning skulle være for moderate, kan prosjekteieren beslutte at de skal være høyere.

Hvordan balansere kundekrav og økonomisk krav?

L6S-prosjekter bør med utgangspunkt i problembeskrivelsen tidlig velge *hvem prosjektet er til for*. Skal prosjektet for eksempel gjennomføres på vegne av prosesskundene, som krever forbedringer i leveransene, eller på vegne av prosesseieren, som ønsker å redusere kostnadene? I førstnevnte tilfelle kan prosesseieren være bekymret for at prosjektet vil foreslå dyre løsninger. I det andre tilfellet kan prosesskundene være bekymret for at prosjektet vil føre til redusert ytelse/kvalitet på leveransene. L6S-prosjekter ivaretar behovet for balanse mellom kravene. Grunnen er at L6S-prosjekter i *improve*-fasen skal vurdere alternative løsninger og konsekvenser av dem for alle interessenter. Om det er «likeverdige», motstridende interesser og krav, skal balanserte løsninger finnes.

God kommunikasjon = tidlige forbedringer

Mange L6S-prosjekter har som mål å forbedre prosesser hvis ytelse i stor grad er bestemt av menneskene som jobber med dem. Gjennom god involvering og god kommunikasjon vil en allerede tidlig i prosjektet, lenge før løsninger er utviklet, kunne oppleve vesentlige forbedringer. Grunnen er at medarbeiderne setter pris på arbeidsformen, forstår hensikten og ønsker å «hjelpe til» lenge før løsningene formelt utvikles og implementeres.

Plass til notater:

5 Finne årsakene til mangelfull ytelse (*measure/analyse*)

I *measure/analyse*-fasen er prosjektets viktigste leveranse de antatt viktigste rotårsakene til mangelfull ytelse for hver av CTQ-ene som ble prioritert i *define*-fasen. De valgte årsakene skal angis i storyboarden med en tilhørende begrunnelse.

Følgende er viktige verktøy i *measure/analyse*:

- fiskebeinsdiagram
- prosesskart (aktivitetsflyt, funksjonsflyt og verdiflyt)
- spagettidiagram
- videokamera
- histogram
- paretodiagram
- scatterdiagram
- kontrolldiagram (tidsstudier av data)

Kapittel 5.1 introduserer fiskebeinsdiagrammet for visualisering av årsakssammenhenger. Verktøyet er «navet» for alt som skal gjøres i denne fasen. I kapittel 5.2 beskrives den metodiske tilnærmingen til årsaksanalyse. Kapitlene 5.3, 5.4, 5.5 og 5.6 beskriver deretter verktøy for å øke kunnskapen om årsakssammenhenger.

Prosjektet bør også i denne fasen av DMAIC-metoden gå ut i prosessene, observere, lytte og diskutere for å bygge en felles forståelse av virkeligheten, nyansene og omstendighetene.

Plass til notater:

_____

_____

_____

_____

_____

_____

5.1 Introduksjon til fiskebeinsdiagrammet

Fiskebeinsdiagrammet er et verktøy for å visualisere mulige årsakssammenhenger (3), (21). Det lages ett fiskebeinsdiagram per prioritert CTQ. Diagrammet skal oppdateres løpende basert på ny kunnskap.

Figur 15 viser et prinsipielt fiskebeinsdiagram.

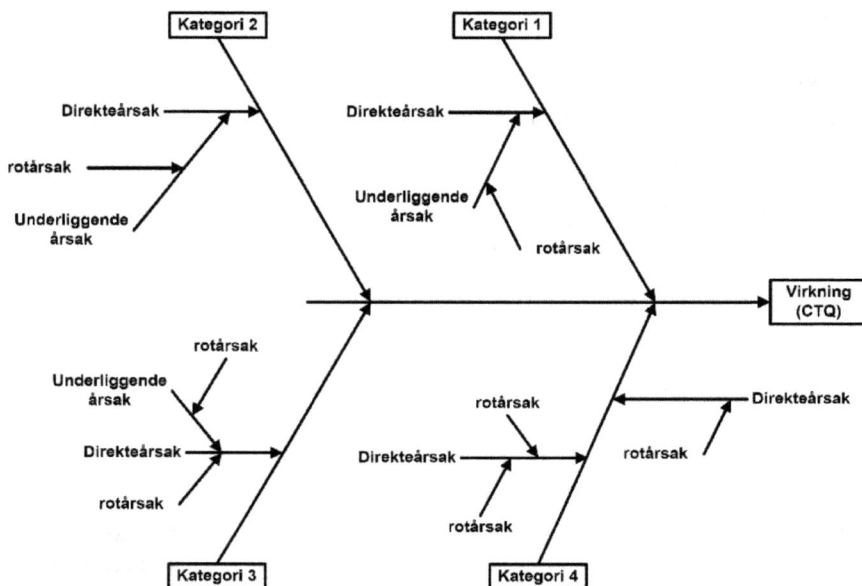

Figur 15. Prinsipielt fiskebeinsdiagram.

I hodet på diagrammet står variabelen (CTQ-en) som har mangelfull ytelse. Inne i fisken finnes kjeder av antatte årsaker til mangelfull ytelse. Årsakskjedene består av *direkteårsaker, underliggende årsaker* og *rotårsaker*. I figuren er det inntil tre nivåer på årsakene, men det kan være flere. Lengst frem i årsakskjeden, det vil si nærmest CTQ-en, finnes hovedbeinene, som representerer kategorier av direkteårsaker. Under hver direkteårsak finnes det generelt en trestruktur av underliggende årsaker og rotårsaker.

For direkteårsakene gjelder følgende:

- De plasseres horisontalt i årsakskategorien. Direkteårsaker av samme kategori skal altså plasseres på samme hovedbein i diagrammet.
- De er sjelden rotårsaker.
- De er konsekvenser av underliggende årsaker og rotårsaker.
- De er ofte visuelle og/eller lette å måle (for faktabasert prioritering).

Følgende er eksempler på mulige direkteårsaker:

- Det er feil på tegningene.
- Maskinen stopper.
- Bestillingene er mangelfulle.
- Materialet er feil.
- Produksjonsseriene er for lange.
- Omstillingstiden er for lang.
- Verktøyet er feil.
- En starter arbeidet for sent.
- En bruker for lang tid på arbeidet.

For underliggende årsaker gjelder følgende:

- Alle årsaker som leder til en direkteårsak, er underliggende årsaker. En rotårsak er derfor også en underliggende årsak.
- Det kan være flere underliggende årsaker på samme nivå knyttet til en direkteårsak.
- Samme underliggende årsak kan finnes under flere direkteårsaker i samme fiskebein.

Følgende er eksempler på årsaker som kan være underliggende årsaker / rotårsaker:

- Rutinene er mangelfulle.
- En har ingen rutiner.
- Rutinene følges ikke.
- Rutinene er ikke tilgjengelige.
- Ingen har ansvaret.
- En har ikke målesystem.
- Målesystemet er unøyaktig.
- Lederen følger ikke opp.
- Vedlikeholdet er mangelfullt.
- En har mangelfull kompetanse på … (kompetansen må spesifiseres).
- Det forekommer regnefeil/tellefeil.
- Maskinen har for liten dugelighet.
- Prosessen har for lav kapasitet.
- Det er høy utetemperatur.

For rotårsaker gjelder følgende:

- Samme rotårsak kan finnes flere steder i samme fiskebein. Behold disse dublettene i strukturen (se kommentar i kapittel 5.7).
- Det er rotårsakene det skal utvikles løsninger for i *improve*-fasen.

I L6S-litteraturen foreslås ofte følgende kategorier i fiskebeinsdiagrammet (eksempler på årsaker er angitt i parentes):

- målinger (lav nøyaktighet)
- maskiner (stopptid)
- menneske (regnefeil)
- materiale (materialsvikt)
- metoder (mangelfull prosedyre)
- miljø/omgivelser/rammebetingelser (støv, regulatoriske begrensninger)

Når prosesser skal forbedres, kan prosesstrinnene i SIPOC være hensiktsmessige kategorier. Figur 16 illustrerer dette; prosesstrinnene *ordreregistrering, innkjøp og logistikk, merking* og *pakking* er valgt som kategorier.

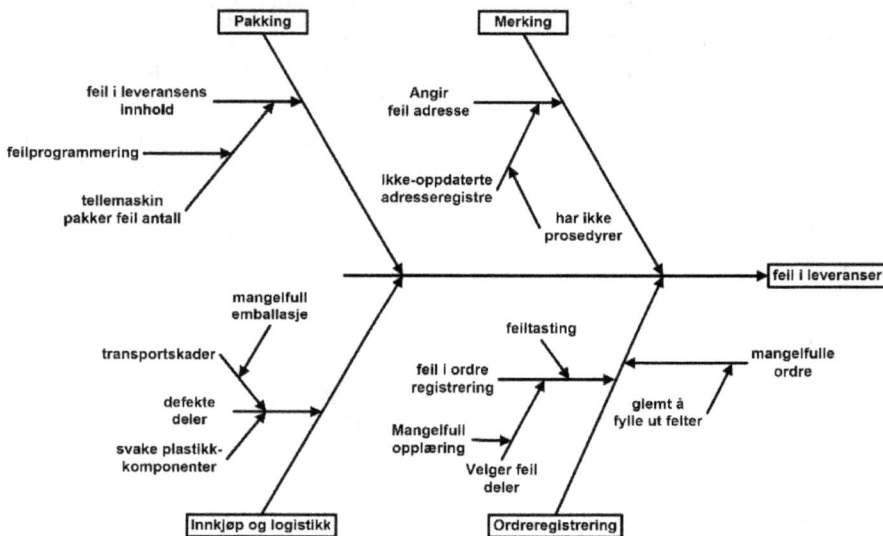

Figur 16. Eksempel på fiskebeinsdiagram.

Plass til notater:

38

5.2 Kartlegging av årsakssammenhenger

Hvor stor og kompleks kartleggingen av årsakssammenhenger må være, er avhengig av blant annet hvilken type prosess det dreier seg om, hvor store kravene til sikkerhet i konklusjonene er, hvilken kunnskap en har, og hvor brukbare eksisterende måledata er. En generell tilnærming er angitt i Figur 17.

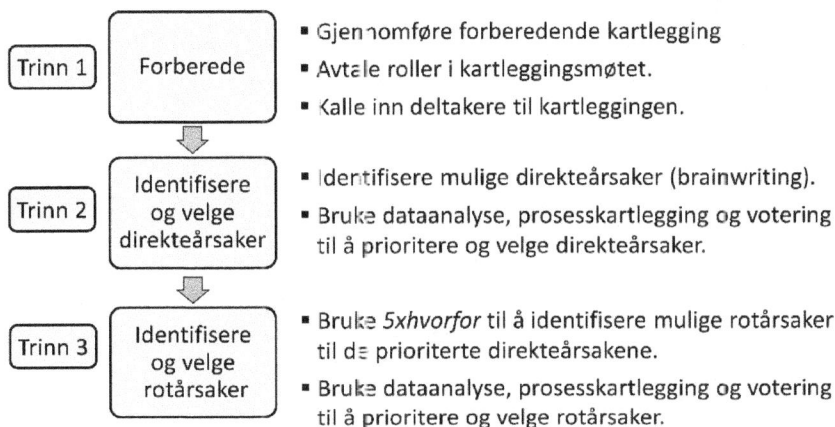

Figur 17. Fremgangsmåte for å komme frem til prioriterte rotårsaker.

Prosjektet skal gjennomføre trinnene med rettledning og støtte fra prosjektveilederen.

Trinn 1: Forberede

a) Prosjektet gjennomfører en forberedende kartlegging av årsakssammenhenger for å planlegge den praktiske gjennomføringen. Følgende bør avklares:

- hvilke kategorier direkteårsaker som er hensiktsmessige
- hva som er relevante eksempler på direkteårsaker og rotårsaker
- hvordan vanskelige situasjoner skal håndteres
- hvor mye tid en trenger for å gjennomføre
- hvorvidt en trenger hjelpemidler som brunpapir, gule lapper, tavler og programvare

b) Prosjektet identifiserer hvem som bør delta i kartleggingen. Personene må ha dybdekompetanse fra alle prosesstrinnene i SIPOC. Personer som kan utfordre tryggheten og åpenheten til de øvrige deltakerne, bør ikke delta. Dersom flere enn ti skal involveres, bør kartleggingene gjøres i flere møter.

c) Prosjektet sender ut innkalling til de identifiserte deltakerne. Innkallingen må angi hensikten med møtet og be deltakerne forberede seg.

d) Prosjektet avtaler hvem som skal ha rollene som møteleder, tidtaker og sekretær.

Trinn 2: Identifisere og velge direkteårsaker

Første delen av dette trinnet bør gjøres i møterom med de deltakerne som ble identifisert i trinn 1. Beregn 1,5–2 timer per fiskebeinsdiagram. Følgende tilnærming i møtet foreslås:

a) Forklar hensikten med møtet, og gå igjennom agendaen.

b) Introduser deltakerne om ikke alle kjenner alle.

c) Forklar strukturen i et fiskebeinsdiagram. Vis relevante eksempler.

d) Forklar hvordan *brainwriting* gjennomføres (kapittel 8.1).

e) Dersom det er flere CTQ-er: Velg CTQ.

f) Tegn et tomt fiskebeinskjelett på 3 meter brunpapir, og heng dette på veggen. Det vil si: Plasser CTQ-en i «hodet» på fisken, og tegn seks tomme hovedbein. Hovedbeinene er da kategorier, men foreløpig uten navn.

g) Gjennomfør brainwriting der deltakerne beskriver sine forslag til årsaker på gule lapper. Det skal være én idé per lapp. Dette arbeidet skal gjøres stille, det vil si uten diskusjoner og kommentarer.

h) Saml inn alle de gule lappene.

i) Gå igjennom hver gul lapp, renskriv innholdet, og sørg for at alle forstår betydningen. Beskrivelsene skal være konkrete og entydige.

j) Plasser de gule lappene i kategorier i fiskebeinsdiagrammet.

k) Velg kategorinavn.

l) Sorter årsakene i direkteårsaker og underliggende årsaker.

m) Plasser direkteårsakene horisontalt (se Figur 16) inn mot hovedbeinene i diagrammet. Plasser de underliggende årsakene på en «parkeringsplass» på siden av fiskebeinet. En parkeringsplass kan for eksempel være et tomt flippoverark der ideer/forslag plasseres for senere behandling.

n) Gå igjennom hver av de gule lappene på parkeringsplassen. Ettersom disse ikke er direkteårsaker, må en finne frem til direkteårsaken(e) ved å spørre fremover i årsakskjeden. En kan spørre: «Når denne årsaken inntreffer, hva skjer da, eller hva er konsekvensen(e) da»? Slik fortsetter en å spørre til en kommer frem til én eller flere direkteårsaker. Nye direkteårsaker legges til i diagrammet. Resultatet er et fiskebeinsdiagram med kun direkteårsaker og en parkeringsplass med underliggende årsaker.

o) Gå igjennom og diskuter fiskebeinsdiagrammet for å komplettere, forankre og kvalitetssikre innholdet.

p) Gjenta trinnene over dersom det er flere CTQ-er som skal årsaksforklares.

q) Før møtet avsluttes, diskuteres prosjektets videre arbeid med fiskebeinet og hvem som skal involveres.

Dersom det er usikkerhet knyttet til resultatet av kartleggingen, skal prosjektet gjøre tilleggsundersøkelser. Det endelige fiskebeinsdiagrammet renskrives og legges inn i prosjektets storyboard.

Prosjektet skal nå finne frem til hvilke direkteårsaker som skal prioriteres, og begrunne valget. Det kan da velge en kombinasjon av følgende aktiviteter:

1. å kartlegge prosesser for å øke kunnskapen om årsakssammenhengene. Videokamera er også et mulig verktøy her;

2. å måle og analysere for å øke kunnskapen om årsakssammenhengene ved hjelp av fakta;

3. å gjennomføre votering for å prioritere direkteårsakene.

De tre mulighetene er illustrert i Figur 18. På venstre side av figuren vises fiskebeinsdiagrammet med de identifiserte, mulige direkteårsakene. På høyre side vises det samme fiskebeinet med prioriterte direkteårsaker. Kartleggingene i punkt 1 og 2 kan føre til at fiskebeinsdiagrammene må oppdateres med nye direkteårsaker. Storyboarden skal oppdateres med markering av de prioriterte direkteårsakene (Figur 19), begrunnelse for prioriteringen (Figur 20), relevante prosesskart og dataanalyser. Om direkteårsaker prioriteres basert på votering uten støttende prosesskartlegging eller dataanalyse, skal det godkjennes av prosjektveilederen og prosjekteieren.

Plass til notater:

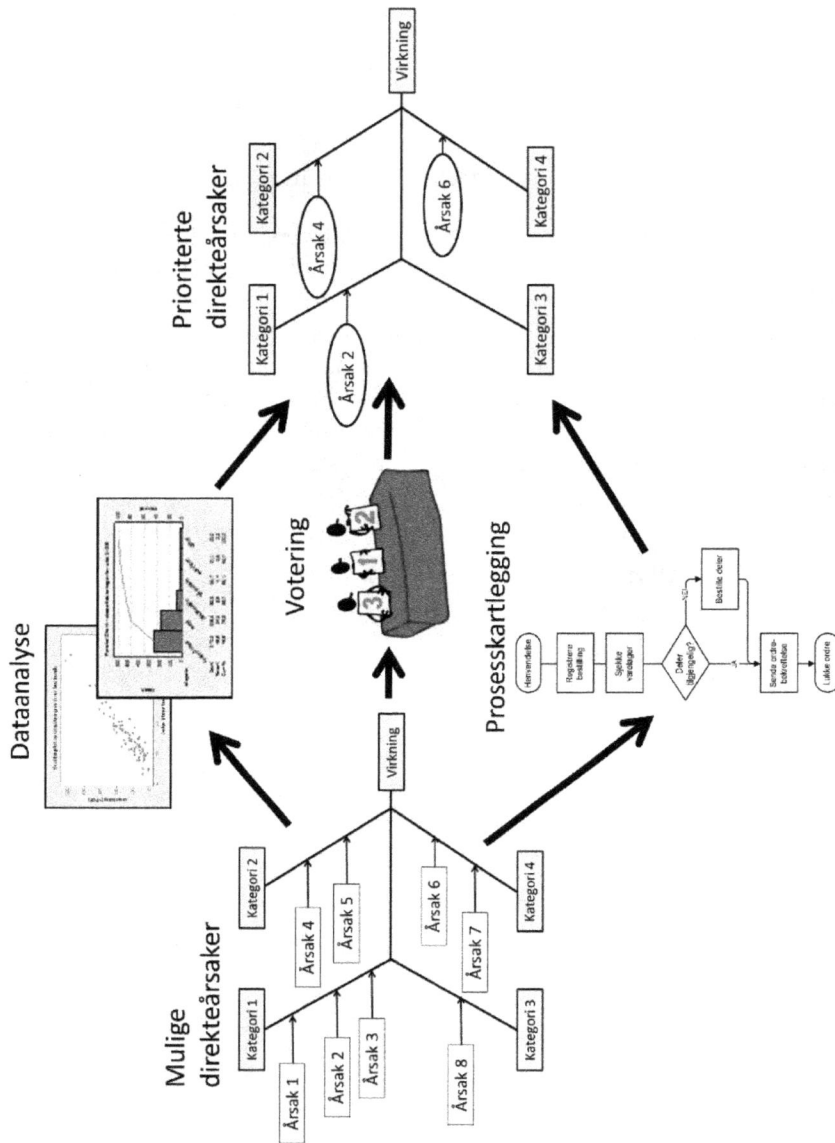

Figur 18. Ulike veier frem til prioriterte direkteårsaker.

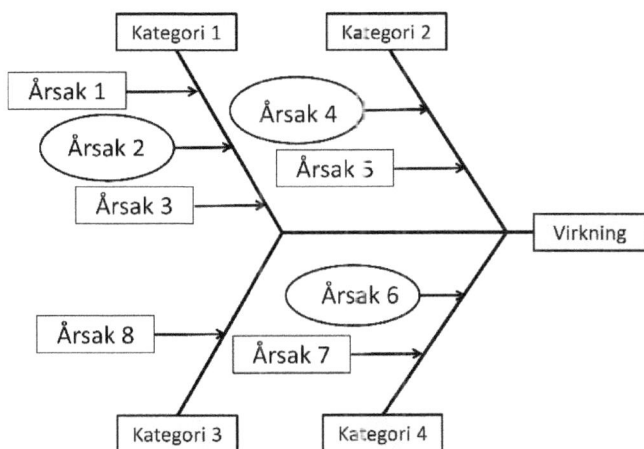

Figur 19. Prioriterte direkteårsaker (2, 4, 6) slik de kan markeres i storyboarden.

Virkning	Prioritert direkteårsak	På hvilket grunnlag ble årsaken valgt?
Feil i leveranser	Feiltasting	Prosesskartlegging av ordreregistreringen er gjort. Inntastingen ble identifisert som en mulig viktig rotårsak. Teamet har manuelt gått gjennom 100 ordrer med feil. Gjennomgangen viser at feilene er et resultat av feiltasting. Måleresultatene finnes vedlagt.
	Har ikke prosedyrer	Kvalitetssjef og prosesseier bekrefter at det ikke er laget prosedyrer.
	Mangelfull emballasje	Teamet har gjennomført intervjuer av medarbeiderne i varemottaket og gjort målinger på 50 defekte inngående varer. Begge tilnærmingene peker på at emballasjen ikke beskytter varene i tilstrekkelig grad ved transport. Måleresultatene finnes vedlagt.

Figur 20. Begrunnelse for valg av direkteårsaker i storyboarden.

Trinn 3: Identifisere og velge rotårsaker

På samme måte som i foregående trinn bør første delen av dette trinnet gjennomføres i møterom. Beregn 1,5–2 timer per fiskebeinsdiagram. Følgende tilnærming i møtet foreslås:

a) Forklar hensikten med møtet, og gå igjennom agendaen.

b) Introduser deltakerne om ikke alle kjenner alle.

c) Forklar strukturen i et fiskebeinsdiagram, inklusive forskjellen på direkteårsaker, underliggende årsaker og rotårsaker. Vis relevante eksempler.

d) Forklar hvordan brainwriting og *5xhvorfor* (kapittel 5.7) gjennomføres.

e) Gå igjennom resultatene fra trinn 2 (fiskebeinsdiagrammene med prioriterte direkteårsaker og parkeringsplassen med underliggende årsaker).

f) Dersom det er flere fiskebeinsdiagrammer: Velg diagram.

g) Gjennomfør *5xhvorfor* ved hjelp av brainwriting for hver prioritert direkteårsak.

h) Les opp hver gul lapp, og konkretiser og renskriv årsaksformuleringen før den organiseres under valgt direkteårsak. Unngå diffuse årsaksbeskrivelser (se kommentar i kapittel 5.7). Om en direkteårsak har mange underliggende årsaker, kan en forenkle arbeidet med organiseringen ved å behandle direkteårsaken som et eget fiskebeinsdiagram.

i) Om det er flere fiskebeinsdiagram: Gjenta de foregående to punkter.

j) Før møtet avsluttes, diskuteres prosjektets videre arbeid med fiskebeinet og hvem som skal involveres.

Kartleggingen av underliggende årsaker og rotårsaker kan resultere i mange gule lapper. For å gjøre dette arbeidet enklere kan en derfor gjennomføre strukturering av årsakene etter kartleggingsmøtet. En skal da gjennomgå det renskrevne resultatet med deltakerne for å sikre kvaliteten og forankringen.

Prosjektet skal nå finne frem til hvilke rotårsaker som skal prioriteres, og begrunne valget. Det kan da velge en kombinasjon av følgende aktiviteter:

1. å kartlegge prosesser for å øke kunnskapen om årsakssammenhengene. Videokamera er også et mulig verktøy her;

2. å måle og analysere for å øke kunnskapen om årsakssammenhengene ved hjelp av fakta;

3. å gjennomføre votering for å prioritere direkteårsakene.

De tre mulighetene er illustrert i Figur 21. På venstre side av figuren vises fiskebeinsdiagrammet fra trinn 1 med de prioriterte direkteårsakene. På høyre side vises det samme diagrammet med prioriterte rotårsaker. Kartleggingene i punkt 1 og 2 kan føre til at fiskebeinsdiagrammene må oppdateres med nye årsakssammenhenger.

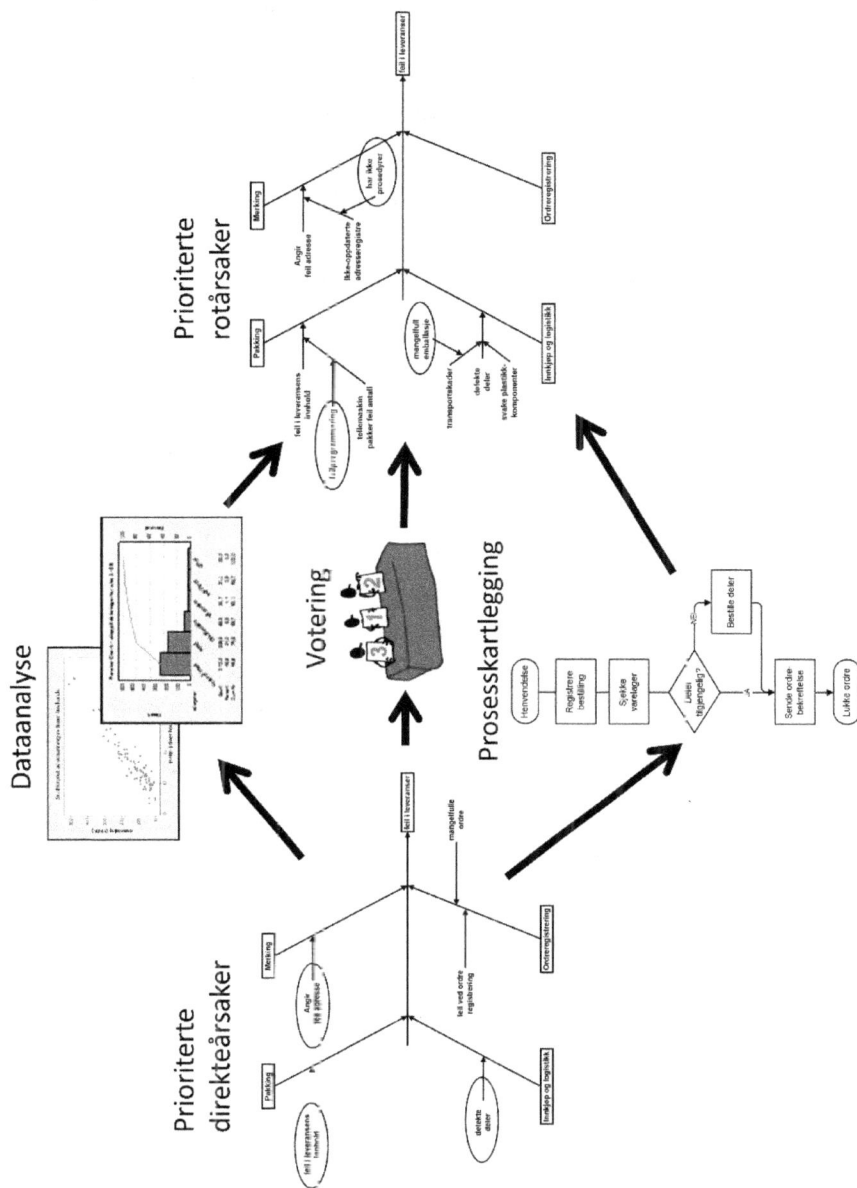

Figur 21. Ulike veier fra direkteårsaker frem til prioriterte rotårsaker.

Resultatet av arbeidet med rotårsakene skal dokumenteres i storyboarden. Storyboarden skal derfor inkludere fiskebeinsdiagrammene med markering av prioriterte rotårsaker (Figur 22), begrunnelse for prioriteringene (tilpasset versjon av Figur 20), relevante prosesskart og dataanalyser. Om rotårsaker prioriteres basert på votering uten støttende prosesskartlegging eller dataanalyse, skal det godkjennes av prosjektveilederen og prosjekteieren.

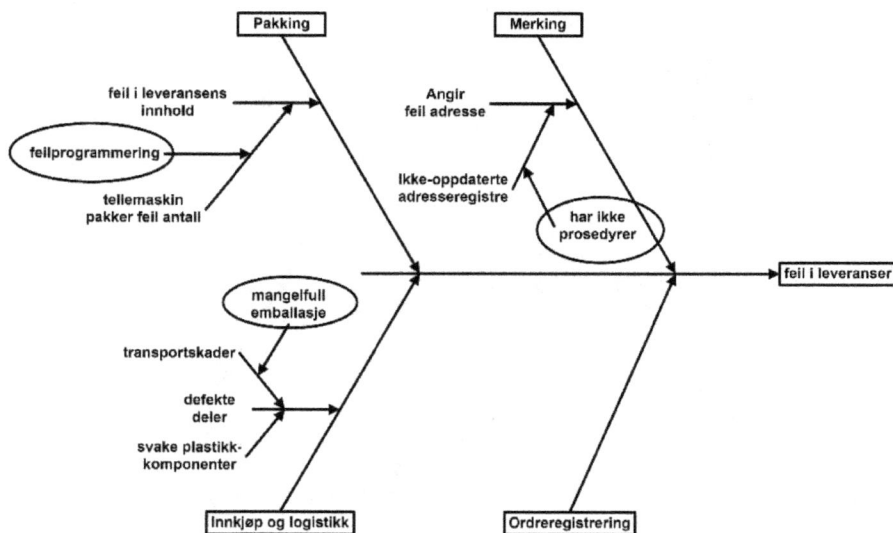

Figur 22. Prioriterte rotårsaker slik de kan markeres i storyboarden.

Om arbeidet med å tegne fiskebeinsdiagrammer er for tidkrevende, kan et alternativ være å benytte en punktliste som vist i Figur 23. I figuren bruker en punkter og innrykk for å visualisere årsakskjeden fra direkteårsak til rotårsaker.

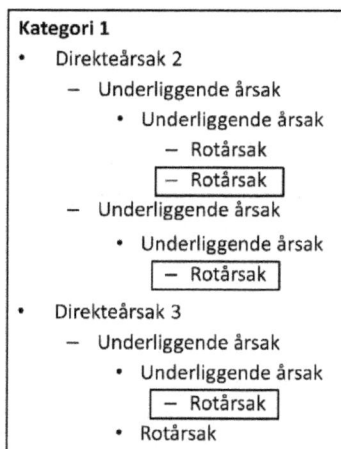

Figur 23. Bruk av punktliste i arbeidet med årsakssammenhenger.

Resultatene av årsakskartleggingen skal presenteres for prosjekteieren og eventuelt styringsgruppen (2). Prosjekteieren skal godkjenne at prosjektet går videre til neste fase.

De følgende kapitlene, 5.3–5.6, beskriver verktøy for bedre å forstå årsakssammenhenger og begrunne valg av direkteårsaker og rotårsaker.

5.3 Prosesskartlegging

Flytdiagrammer er visuelle verktøy for å kartlegge eller dokumentere flyten av varer, personer og/eller informasjon (3), (21), (23). I *measure/analyse*-fasen er hensikten med kartleggingen å visualisere hvordan flyten virkelig foregår (dagens status), og bidra til en bedret, felles forståelse av årsakssammenhenger.

De følgende avsnittene beskriver

1. fremgangsmåte ved prosesskartlegging
2. aktivitetsflytdiagrammer
3. funksjonsflytdiagrammer
4. verdiflytdiagrammer
5. flytdiagrammer med tilleggsinformasjon
6. spagettidiagrammer

For å sikre at alle kan forstå og aktivt delta i prosesskartleggingen, benytter en få og enkle symboler, som illustrert i Figur 24.

Symbol	Beskrivelse
 (avrundet boks)	Start og stopp
 (rektangel)	Aktivitet eller operasjon
 (rombe)	Beslutningspunkt eller alternativ
(pil)	Retning eller flyt
 (forbindelsessymbol)	Forbindelsespunkt til annet sted i diagrammet eller en annen side

Figur 24. Symboler for å tegne flytdiagrammer.

Fremgangsmåte ved prosesskartlegging

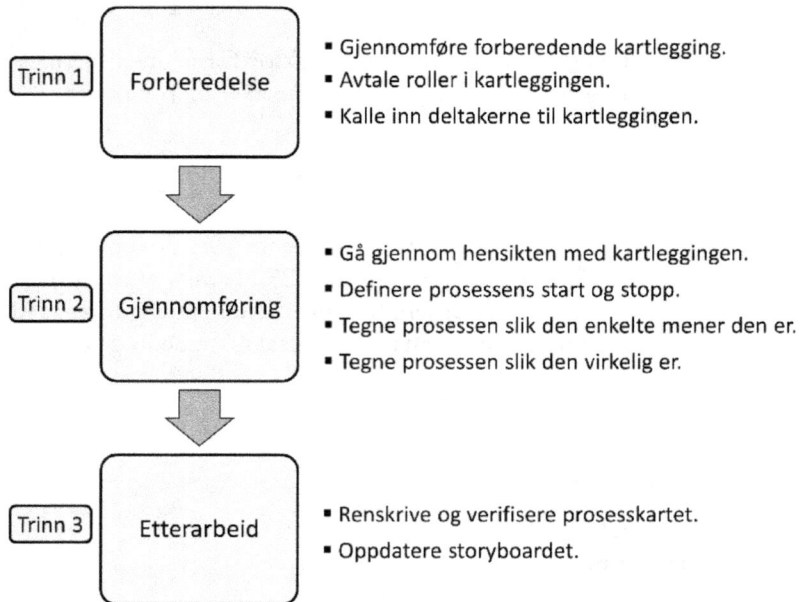

Trinn 1	Forberedelse	• Gjennomføre forberedende kartlegging. • Avtale roller i kartleggingen. • Kalle inn deltakerne til kartleggingen.
Trinn 2	Gjennomføring	• Gå gjennom hensikten med kartleggingen. • Definere prosessens start og stopp. • Tegne prosessen slik den enkelte mener den er. • Tegne prosessen slik den virkelig er.
Trinn 3	Etterarbeid	• Renskrive og verifisere prosesskartet. • Oppdatere storyboardet.

Figur 25. Fremgangsmåte ved prosesskartlegging.

Prosesskartlegging, trinn 1: Forberedelse

1. Prosjektet gjennomfører en egen, forberedende kartlegging for å avklare detaljer i den praktiske gjennomføringen. Blant annet følgende bør diskuteres:

    a. hvilken type prosesskart som skal benyttes

    b. når prosessen skal startes og stoppes

    c. hvordan vanskelige situasjoner skal håndteres

    d. hvor mye tid en trenger for å gjennomføre

    e. hvorvidt en trenger hjelpemidler som brunpapir, gule lapper, tavler og programvare

2. Prosjektet avtaler hvem som skal ha rollene som møteleder, tidtaker og sekretær, og avklarer med prosjektveilederen om han/hun skal delta.

3. Prosjektet velger hvem som bør være med i prosesskartleggingen. Personer med dybdekompetanse fra alle relevante prosesstrinn må delta. I tillegg bør prosjektet vurdere deltakelse av interessenter som kan bidra til bedret forankring og økt positivt engasjement i prosjektet. Personer som kan utfordre tryggheten og åpenheten til de øvrige deltakerne, bør ikke delta. Dersom flere enn ti skal involveres, bør kartleggingene gjøres i flere møter.

4. Prosjektet sender ut innkalling til deltakerne. Innkallingen må forklare hensikten med møtet og be deltakerne forberede seg.

Prosesskartlegging, trinn 2: Gjennomføring

1. Gå igjennom hensikten med møtet og agendaen.

2. Introduser deltakerne om ikke alle kjenner alle.

3. Gi om nødvendig deltakerne en kort, enkel innføring i teorien om prosesskartlegging.

4. Diskuter og fastlegg start og stopp for prosessen som skal kartlegges.

5. Gi deltakerne 5–10 minutter til å tenke igjennom og eventuelt tegne opp sin egen versjon av prosessen slik den foregår i dag.

6. Lag en grov, felles «kladdeversjon» av prosesskartet på flippover/tavle.

7. Tegn opp prosessen ved hjelp av gule lapper i A5-format på 3–5 meter brunpapir (på gulv, bord eller vegg). Benytt én gul lapp per prosesstrinn og per beslutningspunkt.

   a) Begynn med start og stopp.
   b) Plasser deretter prosesstrinn og beslutningspunkter.
   c) Tegn inn flyt (piler), og skriv inn eventuell viktig informasjon til slutt.

   Dersom det er relevant:

   a) Gjennomfør kartleggingen motstrøms, det vil si fra stopp til start, om dette forenkler kartleggingen.
   b) Tydeliggjør venting, køer, transport og lagring.
   c) Visualiser ulike forløp av prosessen i samme diagram (det vil si visualiser variasjon i gjennomføringen av prosessen).
   d) Marker punkter i diagrammet der det eventuelt skal måles. Angi i så fall også nødvendige detaljer om hva som skal måles og registreres.

Prosesskartlegging, trinn 3: Etterarbeid

1. Overfør prosesskartet til elektronisk format.

2. Gå ut i prosessen og verifiser prosesskartet med personene som jobber der.

3. Vurder om deltakerne i møtet skal informeres eller konsulteres, hvis det gjøres endringer i prosesskartet etter kartleggingsmøtet.

4. Legg prosesskartet med kommentarer inn i storyboarden. Kommentarene skal beskrive hvorfor kartet er med, hva kartet viser, og hva som er koplingen til årsakssammenhengene i fiskebeinsdiagrammet.

Aktivitetsflytdiagram

Et aktivitetsflytdiagram (Figur 26) benyttes i *measure/analyse*-fasen til å

* visualisere og forstå detaljene i en prosess
* finne frem til og visualisere ulik arbeids- og produksjonspraksis
* finne frem til og visualisere uønskede tilbakekoplinger og venting i prosessen
* finne frem til og visualisere uhensiktsmessig og/eller potensielt farlig arbeidspraksis
* identifisere og visualisere målepunkter

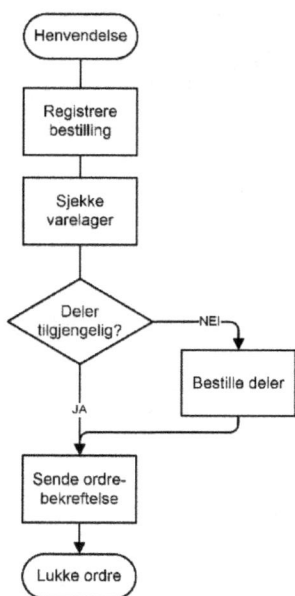

Figur 26. Eksempel på aktivitetsflytdiagram.

Plass til notater:

Funksjonsflytdiagram

Et funksjonsflytdiagram (Figur 27) er en variant av aktivitetsflytdiagrammet der roller og ansvar for prosesstrinn fremkommer som en dimensjon i diagrammet. I tillegg til egenskapene i aktivitetsflytdiagrammet får en da mulighet til å

- visualisere flyt mellom ansvarsområder, roller og enheter
- identifisere deler av prosesser der ansvaret er uklart
- identifisere lange beslutningsveier

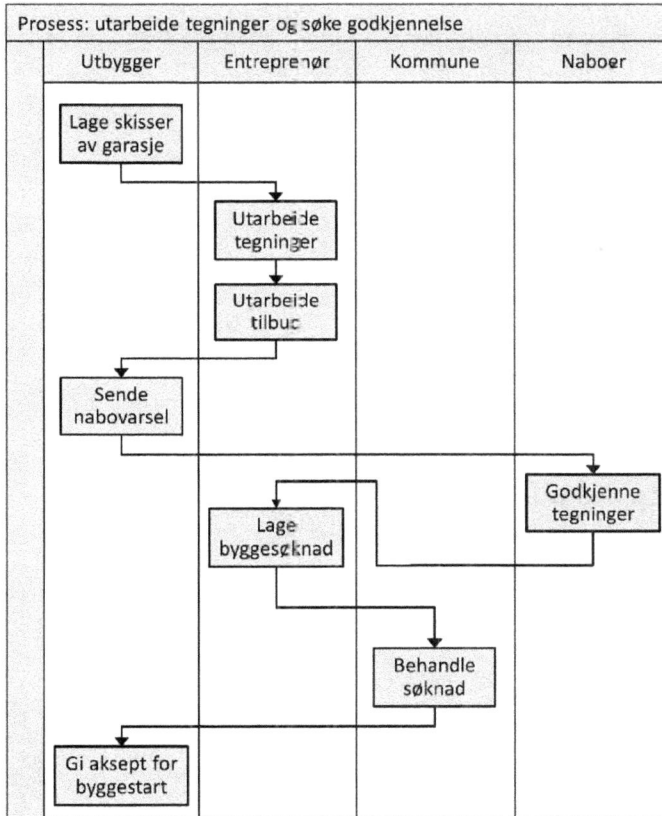

Figur 27. Eksempel på funksjonsflytdiagram.

Verdiflytdiagram

Et verdiflytdiagram (Figur 28) er en variant av aktivitetsflytdiagrammet der en skiller tre typer aktiviteter:

1. aktiviteter som er verdiøkende for kundene. Kundene er villige til å betale for denne aktiviteten;

2. aktiviteter som er verdiøkende for virksomheten, men ikke nødvendigvis direkte verdiøkende for kundene. Virksomheten er villig til å betale for denne aktiviteten. Aktiviteter for å sikre kontroll og redusere risiko inngår i denne kategorien. Eksempler kan være utvikling av alternative løsninger (men bare én velges), inspeksjoner, kontroll og testing;

3. aktiviteter som ikke er verdiøkende for noen. Dette er aktiviteter som alle ønsker å fjerne. Køer, venting, unødvendig bevegelse/forflytning og dobbeltarbeid er eksempler. Slike aktiviteter kalles ofte *sløsing* (waste).

I *measure/analyse*-fasen kan en benytte verdiflytdiagrammer til å kartlegge direkteårsaker til lang gjennomløpstid (lav flyteffektivitet) og direkteårsaker til for mye tidsbruk (lav ressurseffektivitet).

Et eksempel på et verdiflytdiagram for en kopieringsprosess er vist i Figur 28. Her er de verdiøkende og ikke-verdiøkende aktivitetene splittet i to kolonner. Et alternativ til kolonner er å skille verdiøkende og ikke-verdiøkende aktiviteter ved hjelp av fargekoding.

Når verdiøkende aktiviteter kan gjennomføres raskere og/eller med mindre tidsforbruk, betyr det at det finnes ikke-verdiøkende tid i aktiviteten. For å finne ut av om dette er tilfellet, kan en «åpne opp» og kartlegge den verdiøkende aktiviteten med økt grad av detaljer. Dette gir mulighet til å sortere i verdiøkende og ikke-verdiøkende aktiviteter på et lavere nivå.

En kan benytte en tabell for å få oversikt over den samlede verdiøkende tiden i forhold til den totale tiden. Figur 29 viser et eksempel for den verdiøkende aktiviteten *å konfigurere produkt.*

Plass til notater:

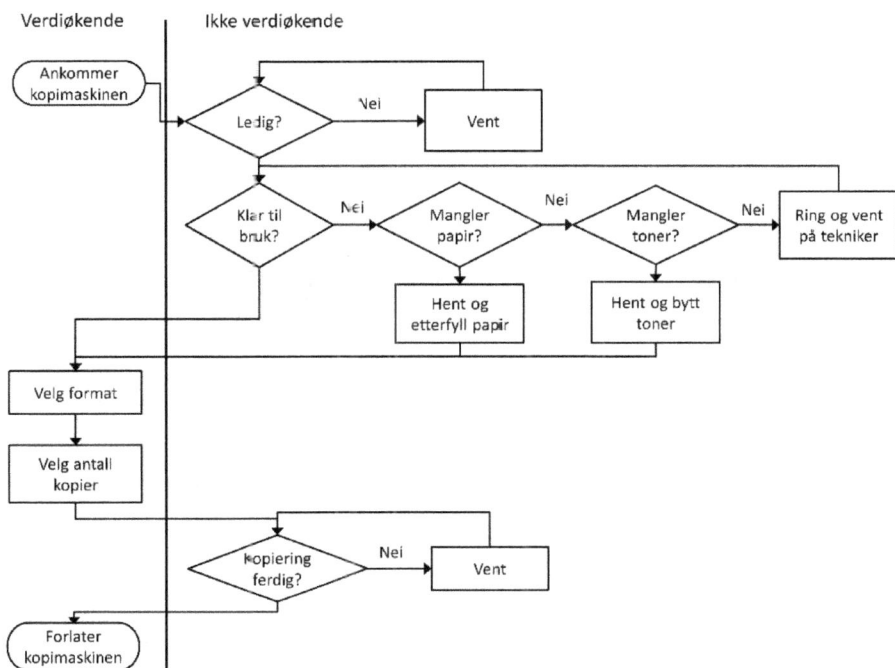

Figur 28. Eksempel på verdiflytdiagram.

Aktivitet: *konfigurer produkt*	Tid (per aktivitet)	
	VØ	IVØ
Hent produkt på lager		10
Hent relevant testutstyr		5
Pakk ut		2
Konfigurer	7	
Gjør funksjonskontroll	3	
Kalibrer testinstrumenter		2
Gjennomfør test	6	
Skriv rapport	2	
Pakk produkt, og lever på lager		5
Sum (minutter)	18	24
Andel av total	50 %	50 %

Figur 29. Tabell med verdiøkende og ikke-verdiøkende aktiviteter.

Flytdiagrammer med tilleggsinformasjon

I *measure/analyse*-fasen brukes flytdiagrammer til å øke forståelsen av årsakssammenhenger. All relevant informasjon som bidrar til å øke denne forståelsen, kan tegnes inn i diagrammene. Figur 30 viser et eksempel på et funksjonsflytdiagram der en har tatt med fakta og kommunikasjon.

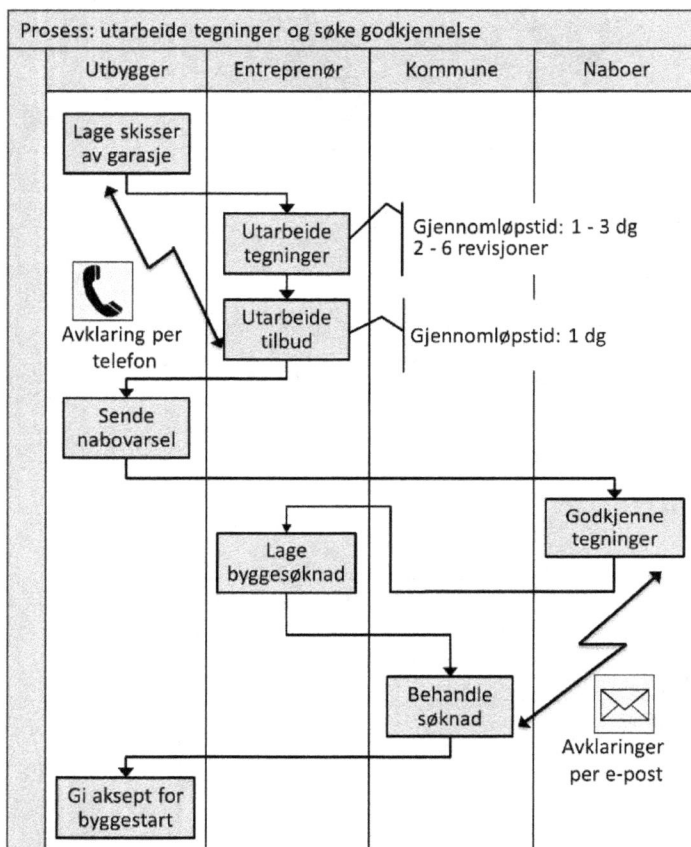

Figur 30. Funksjonsflytdiagram med tilleggsinformasjon.

Spagettidiagram

Et spagettidiagram (Figur 31) benytter en for å kartlegge fysisk bevegelse og lagring av objekter i arbeids- og produksjonsprosesser. Objekter kan være personer, varer, produkter, informasjon, skjemaer og så videre. Med utgangspunkt i en plantegning tegner en inn bevegelse og arealbruk for den eller de objekter som en ønsker å kartlegge. Bevegelsene og arealene nummereres i tegningen, og tilhørende fakta oppsummeres i en tabell slik det er vist i Figur 32. Et spagettidiagram kan benyttes i kombinasjon med et verdistrømskart (kapittel 8.4). Distanser og areal kartlagt i spagettidiagrammet overføres da til det tilhørende verdistrømskartet.

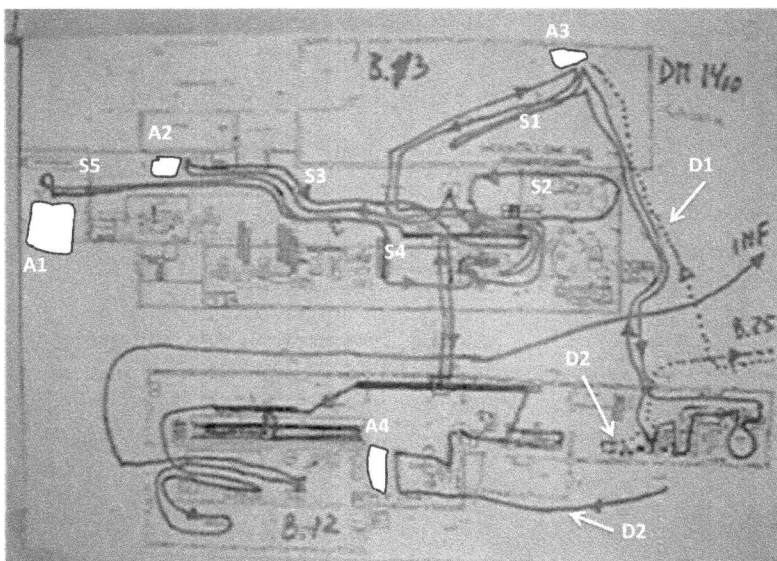

Figur 31. Spagettidiagram

Nr.	Beskrivelse	Avstand	Areal	Tid	Frekvens	Kommentar
A1	Areal for M23		45 m²			Må ryddes, helst fjernes
D1	Bevegelse for å levere skjema R14	90 m		6 min	4 ganger per produkt	
S1	Ekstra bevegelse ved feil	50 m		3 min		Flytte maskin
D2	Total bevegelse for PN12	820 m		15 timer		Reorganisering nødvendig
A2	Område for vrak		10 m²			Må ryddes

Figur 32. Oppsummeringstabell for spagettidiagrammet.

5.4 Bruk av videokamera for å analysere prosessen

Videokamera er et nyttig verktøy for å analysere prosesser. Det er flere grunner til dette:

1. En videofilm gir mulighet til å få innsyn i ulike typer mangler (HMS, kvalitet, effektivitet) ved en prosess.
2. En videofilm gir objektiv informasjon.
3. En videofilm kan analyseres i team.
4. En videofilm kan analyseres flere ganger.
5. En videofilm gir innsikt i detaljer og sammenhenger som regulære målinger ikke fanger opp.
6. En videofilm gir mulighet for rask spoling i tid mellom interessante aktiviteter og hendelser.
7. Videofilming kan være et kostnadseffektivt alternativ til manuelle målinger.
8. Videofilming påvirker normalt ikke prosessens ytelse negativt.
9. En kan benytte en videofilm for å dokumentere årsakssammenhenger i storyboarden.

Personer som blir filmet, kan føle utrygghet og usikkerhet knyttet til hensikten med filmingen. Prosjektlederen, prosjektveilederen og prosjekteieren må derfor i god tid før eventuell bruk av videokamera diskutere dette med de involverte og fagforeninger. Følgende kan øke tryggheten:

- En medarbeider som jobber i prosessen, gjennomfører filmingen.
- Informasjon fra filmen knyttes til prosessen og ikke til personer.
- Filmen slettes når prosjektet er ferdig.
- Filmingen gjøres slik at ansikt ikke vises.

Om filming er aktuelt, bør kommunikasjonsplanen (kapittel 4.1) inneholde relevante aktiviteter for å bidra til vellykket planlegging og gjennomføring.

Plass til notater:

56

5.5 Datainnsamlingsplan og målesystemverifikasjon

Datainnsamling handler om å hente inn fakta. Innsamlingen kan omfatte både innhenting av historiske tall og gjennomføring av planlagte målinger. Datainnsamlingsplanen skal sikre at dataene har validitet (gyldighet) (22), det vil si *sikre at en måler det en har til hensikt å måle*. Hensikten med innsamlingen i *measure/analyse*-fasen er å gjøre analyser og trekke konklusjoner om ytelse og årsakssammenhenger.

Innsamlingsplanen bør beskrive

1. hva som skal måles (variablene med entydige definisjoner);
2. hva som er målingens omfang, som inkluderer

   - hvor lenge målingen skal vare;

   - hvilke krav som stilles til eventuell punktprøving og utvalg (3), (22);

   - hvilke administrative tilleggsdata som skal registreres ved måling. Eksempler er alder, kjønn, geografi, årstid, ukenummer, ukedag, skift, maskin, temperatur, produkttype og så videre;

3. hvilke krav som stilles til presisjon og nøyaktighet;
4. hvordan en skal måle (rutiner, måleutstyr, måleskjemaer, ansvar med mer);
5. hvordan en skal håndtere måledata og skjemaer før, under og etter måling;
6. hva en skal gjøre for å sikre at datainnsamlingen fungerer etter hensikten. Eksempler er

   - å lære opp personer som skal måle

   - å ha en tett oppfølging fra oppstart frem til stabile målinger

   - å gjennomføre formell målesystemverifikasjon (24), (19).

Datainnsamlingsplanens omfang kan variere fra enkle tabeller som konkretiserer punktene angitt over, til en helhetlig prosjektplan med tilhørende budsjett. Storyboarden skal inkludere en oppsummering av de viktigste punktene i datainnsamlingsplanen.

Når datainnsamlingsplanen lages, er det å nyttig å tenke igjennom hvilke analyser som skal gjøres, og hvilke støttende analyseverktøy som skal brukes (kapittel 5.6).

Formell målesystemverifikasjon innebærer å teste at målesystemet er pålitelig (har reliabilitet) (22). Verifikasjonen skal sikre at systemet ikke introduserer ødeleggende målefeil. Viktige egenskaper som da testes, er nøyaktighet, presisjon, repeterbarhet, reproduserbarhet, linearitet, skjevheter (bias) og stabilitet. Formell målesystemverifikasjon inngår ikke i denne boka.

5.6 Dataanalyse

Når tall skal analyseres og presenteres, bør en benytte standardiserte, visuelle verktøy. Visuell fremstilling av tall gjør det enklere for alle å tolke fakta, se mønstre og trekke ut beslutningsinformasjon. I DMAIC brukes data til

- å dokumentere og analysere ytelsen til variabler (for eksempel før og etter forbedring)
- å analysere og dokumentere årsakssammenhenger
- å prioritere årsaker
- å ta faktabaserte beslutninger

De følgende avsnittene gir en kort introduksjon til *histogrammet, scatterdiagrammet, paretodiagrammet* og *det individuelle kontrolldiagrammet,* som er sentrale verktøy for dataanalyse.

Histogram

Et histogram er vist i Figur 33 (3), (21). Den horisontale aksen angir skalaen for verdiene til en målt numerisk variabel. Eksempler på slike variabler er *gjennomløpstid, vekt* og *diameter.* Den vertikale aksen angir antall ganger (hyppigheten) målte verdier forekommer i tallmaterialet.

Histogrammet viser

- tallmaterialets beliggenhet, ofte angitt som variabelens gjennomsnitt
- tallmaterialets variasjon, ofte angitt som variabelens standardavvik eller bredde (15)
- variabelens fordeling (den stiplede omhyllingskurven)

Følgende er eksempler på spørsmål som histogrammet kan gi svar på:

- Er fordelingen som forventet?
- Er fordelingen symmetrisk?
- Har fordelingen flere topper?
- Hva er gjennomsnittet?
- Er gjennomsnittet som forventet?
- Hvor stor er variasjonen?
- Er variasjonen som forventet?
- Er det avvikende verdier som bør ses nærmere på?
- Hvordan «ligger» fordelingen i forhold til spesifikasjonskrav?

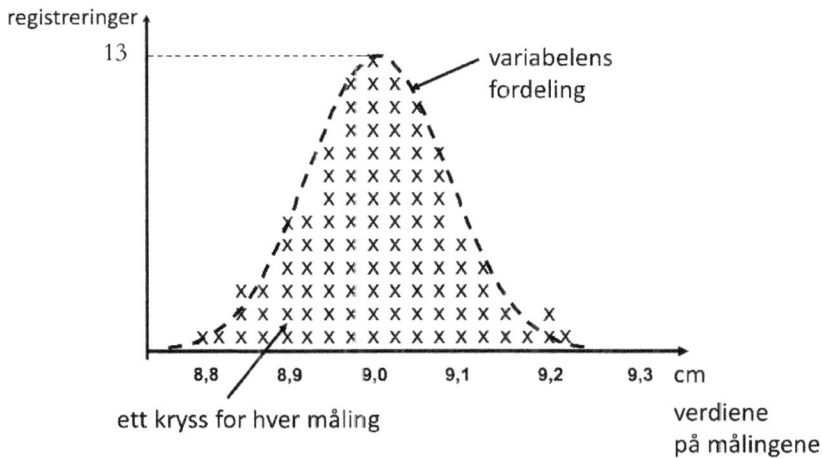

registreringer

13 ········ variabelens fordeling

ett kryss for hver måling

verdiene på målingene

Figur 33. Histogram.

Scatterdiagram

Scatterdiagrammet bruker en til å vurdere om det er sammenheng mellom to numeriske variabler (3), (21). Det kan dermed benyttes til å underbygge antakelser om årsak–virkning. Figur 34 viser et scatterdiagram for variablene *hastighet* og *stopptid*. Tabellen til høyre for diagrammet viser et utsnitt av måleverdiene. Hver linje i tabellen representerer et tallpar (koordinater) som tegnes inn i diagrammet. Diagrammet viser at stopptiden øker når hastigheten øker. Det ser ut til å være en lineær sammenheng mellom variablene *hastighet* og *stopptid*.

Hver linje i tabellen svarer til ett punkt i diagrammet ⟶

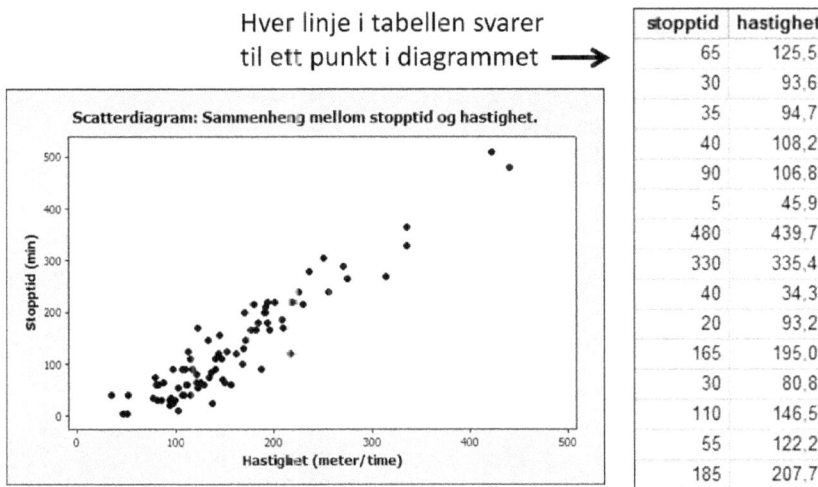

Scatterdiagram: Sammenheng mellom stopptid og hastighet.

stopptid	hastighet
65	125,5
30	93,6
35	94,7
40	108,2
90	106,8
5	45,9
480	439,7
330	335,4
40	34,3
20	93,2
165	195,0
30	80,8
110	146,5
55	122,2
185	207,7

Figur 34. Scatterdiagram.

Paretodiagram

Paretodiagrammet (Figur 35) er et faktabasert prioriteringsverktøy (3), (21). Den horisontale aksen viser verdiene for en kategorivariabel. I figuren vises variabelen *avvikstype* med verdiene *avvik 1–5*. Eksempler på andre kategorivariabler er *farge, produkttype, maskintype, prosesstrinn* og *kundesegment*. Den vertikale aksen til venstre angir antallet observasjoner for kategorivariabelens verdier. En organiserer normalt stolpene etter fallende størrelse for å tydeliggjøre rangeringen. Den heltrukne kurven som vokser fra venstre mot høyre, er knyttet til den høyre vertikale aksen. Den viser hvordan det akkumulerte antall observasjoner utvikler seg i prosent av det totale antall observasjoner.

Paretodiagrammet bør brukes om det er mulig å gjøre faktabasert prioritering av direkteårsaker i fiskebeinsdiagrammet. Diagrammet kan også benyttes for faktabasert dokumentasjon av oppnådde forbedringer (kapittel 7.1).

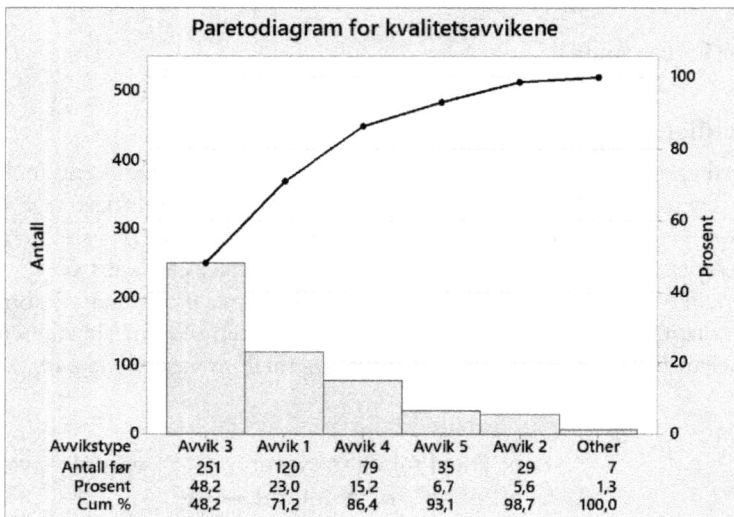

Paretodiagram for kvalitetsavvikene

Avvikstype	Avvik 3	Avvik 1	Avvik 4	Avvik 5	Avvik 2	Other
Antall før	251	120	79	35	29	7
Prosent	48,2	23,0	15,2	6,7	5,6	1,3
Cum %	48,2	71,2	86,4	93,1	98,7	100,0

Figur 35. Paretodiagram.

Plass til notater:

Individuelt kontrolldiagram

Kontrolldiagrammer er tidsstudier av data. Teoriene bak diagrammene beskrives i bøker om *statistical process control* (25), (26). Det finnes ulike typer kontrolldiagrammer. Denne boka begrenser diskusjonen til det prinsipielle ved kontrolldiagrammer, og i den sammenheng benyttes et individuelt kontrolldiagram som eksempel.

Kontrolldiagrammer gjør det mulig å skille mellom prosessens naturlige, forutsigbare variasjon og variasjon som sannsynligvis er en følge av spesielle hendelser. Sistnevnte variasjonstype har sannsynligvis enkeltstående årsaker som kan forklares. Om det er viktig, kan en derfor rykke ut i prosessen, finne årsaken og gjøre noe med denne direkte.

Figur 36 viser et individuelt kontrolldiagram for den numeriske variabelen *mengden drikke som tappes fra en dispenser*. Den horisontale aksen er tidsaksen med rekkefølgen på glassene som fylles. Den vertikale aksen er verdiaksen med mengden som fylles i det enkelte glass. I figuren representerer hvert symbol (svart punkt) en målt verdi. Linjen i midten av diagrammet viser tallmaterialets beregnede gjennomsnitt, $\bar{X}$ (50,06 cl). De horisontale linjene UCL og LCL kalles *kontrollgrenser*, og avstanden mellom dem beskriver den naturlige variasjonen. Variabelen forventes å ha verdier mellom UCL og LCL, og det bør derfor ikke reageres på enkeltverdier i området. Verdier utenfor kontrollgrensene er sjeldne og kan antas å være en følge av spesielle hendelser. Verdien markert med «1» i figuren illustrerer en slik hendelse. Verdiene på UCL og LCL er pluss/minus tre ganger variabelens «standardavvik». Merk at dette ikke er et «vanlig» standardavvik slik det er definert i mange bøker (22). Kontrollgrensene er ikke toleransegrensene (kravene) som gjelder for variabelen.

Programvare med støtte for kontrolldiagrammer vil normalt inneholde flere filtre for å identifisere ulike mønstre i dataene som sannsynligvis ikke er en følge av naturlig variasjon. En viktig forutsetning for at en skal kunne bruke filtrene og analysen av diagrammene, er at måleverdiene er uavhengige av hverandre.

Variabler med verdier utenfor kontrollgrensene kalles ustabile. Grunnen er at en ikke har kontroll med variasjonen. Ytelsen til en variabel behøver ikke å være «god» selv om den er stabil – den kan være stabilt «dårlig». Det vil i regelen være mange årsaker til for høy naturlig variasjon.

Om toleransegrensene tegnes inn i kontrolldiagrammet, får en mulighet til også å vurdere ytelsen i forhold til krav. Prosessforbedringsaktiviteter bør først gjøre prosessen stabil, deretter redusere den naturlige variasjonen og flytte beliggenheten (gjennomsnittet).

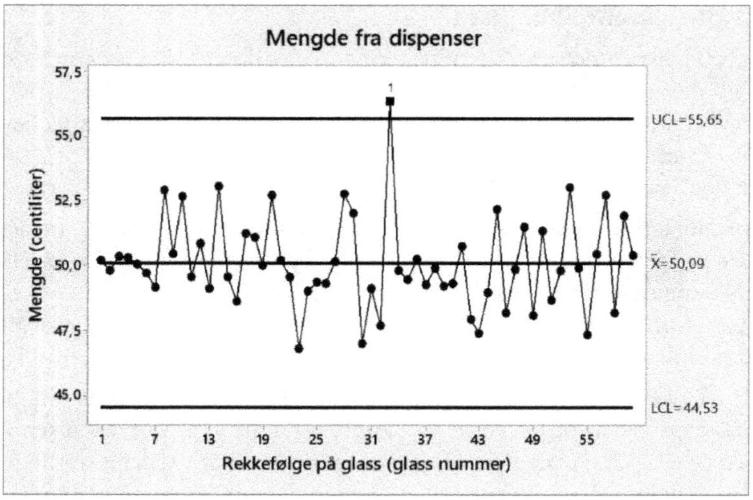

Figur 36. Individuelt kontrolldiagram.

Plass til notater:

5.7 Merknader

Eksperimentell forsøksdesign

Eksperimentell forsøksdesign er metoder og verktøy der en

- designer en forsøksplan som gjør det mulig å hente ut mest mulig informasjon på færrest mulig forsøk

- gjennom planlagte forsøk søker å forstå hvordan ulike årsaker (faktorer) i sitt samspill påvirker én eller flere egenskaper ved en prosess eller et produkt

- gjennom planlagte forsøk søker å finne frem til hvilken kombinasjon av faktorverdier som gir det «beste» resultatet for en valgt egenskap

Eksperimentell forsøksdesign er aktuelt både i *measure/analyse*-fasen og i *improve*-fasen – i førstnevnte fase for å verifisere antakelser om årsakssammenhenger, i sistnevnte for å designe prosesser og/eller produkter. Mer informasjon om forsøksdesign finnes i (27) og (28).

Bruk av prosesskart allerede i *define*-fasen

Om prosjektdeltakerne har varierende kunnskap om prosessens flyt ende-til-ende, kan flytdiagrammer benyttes allerede i *define*-fasen. En felles helhetlig kartlegging kan da virke forankrende og bidra til bedre diskusjoner senere i prosjektet.

Felles rotårsaker til flere direkteårsaker

Én og samme underliggende årsak (inklusive rotårsaker) kan finnes under flere direkteårsaker i samme fiskebeinsdiagram. Grunnen er at en gitt årsak kan ha flere konsekvenser. Den kan altså være utgangspunkt for flere årsakskjeder, slik det er vist i Figur 37. Tiltak for å redusere eller fjerne en rotårsak kan dermed ha positive konsekvenser for flere direkteårsaker i samme fiskebeinsdiagram.

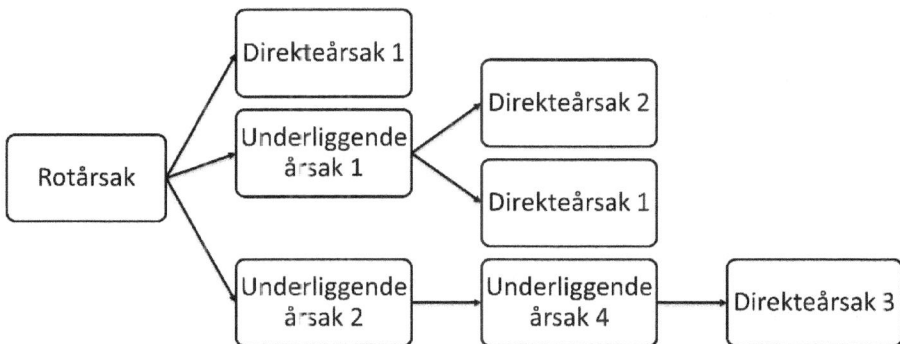

Figur 37. Rotårsaker med flere konsekvenser.

Standardisering av årsaksbeskrivelser

Virksomheter som gjennomfører mange L6S-prosjekter, kan vurdere å standardisere beskrivelser av årsaker som forekommer ofte. Hensikten er å bidra til best mulig felles forståelse. Følgende er eksempler på standardiserte beskrivelser:

- Oppstarten er for sen.
- Gjennomløpstiden er for lang.
- Gjennomføringstiden er for lang.
- En har ikke prosedyrer for …
- En følger ikke prosedyrer for …
- Ingen har ansvaret for …
- En har mangelfull kunnskap om …
- En har mangelfull ferdighet i …
- Det er mangelfull oppfølging av …
- Det er mangelfull opplæring i …
- Det er mangelfulle målinger av …
- Det er mangelfull planlegging av …
- Det er mangelfullt vedlikehold av …

Når deltakerne vil snakke om løsninger og ikke om årsaker

Noen prosjekter vil oppleve at det er tungt å kartlegge årsakssammenhenger fordi deltakerne kun er åpne for å snakke om løsninger. Én måte å håndtere dette på er først å la deltakerne foreslå og diskutere løsninger. Deltakerne får dermed «tømt seg» for sine forslag, og motivasjonen for å se på årsaker vil antakelig være vesentlig bedret. Rotårsakene må likevel identifiseres og forstås for at en skal kunne

- vurdere alternative løsninger
- vurdere om løsningene er tilstrekkelige til at en oppnår ønsket forbedring og sikrer varighet
- vurdere sammenhenger mellom årsaker
- unngå å lage løsninger for symptomene i stedet for rotårsakene
- utvikle kontrollerende barrierer og deteksjonsmekanismer på årsaksnivå
- vurdere andre uønskede konsekvenser av årsakene

Unngå diffuse årsaker og støtende beskrivelser

Under kartleggingen av årsaker må prosjektlederen være forberedt på forslag til formuleringer som er diffuse og/eller kan oppfattes som uthenging av enkeltpersoner og grupper. Eksempler på slike formuleringer kan være *dårlig kultur*, *dårlig motivasjon*, *dårlig holdning* og *dårlig ledelse*. Mer konkrete og mindre anklagende formuleringer bør erstatte disse. *Mangelfull* kan for eksempel være et godt alternativ til *dårlig*. Diffuse årsaksbeskrivelser må diskuteres og forstås før mer konkrete alternativer kan formuleres. Et eksempel på en «diffus» og unødvendig anklagende beskrivelse er «dårlig ledelse». For å forstå hva som ligger bak denne formuleringen, kan en stille spørsmål som disse:

- Hva menes med «dårlig ledelse»?
- Hvor og når observeres «dårlig ledelse»?
- Hva er de synlige egenskapene ved «dårlig ledelse»?
- Hva ville vært annerledes om det hadde vært «god ledelse»?

Følgende er eksempler på svar som kan komme i denne sammenheng:

- Lederen involverer oss ikke.
- Lederen er sjelden til stede.
- Lederen involverer seg ikke i våre problemer.
- Lederen er opptatt av det negative og gir lite ros.

Disse svarene kan igjen danne grunnlag for nye spørsmål og føre frem til mer entydige og hensiktsmessige årsaksbeskrivelser.

5xhvorfor

Veien fra direkteårsaker via underliggende årsaker til rotårsaker starter med direkteårsaken og spørsmålet *hvorfor finnes denne*? Svaret på spørsmålet vil være én eller flere underliggende årsaker. Spørsmålet gjentas deretter for hver av de underliggende årsakene. Slik fortsetter det inntil en har kommet frem til meningsfulle rotårsaker. Under hver direkteårsak kan det altså være en hel trestruktur av underliggende årsaker og rotårsaker. Den gjentakende måten å spørre *hvorfor* på kalles i litteraturen *5xhvorfor* fordi en i prinsippet skal spørre *hvorfor* på inntil fem årsaksnivåer før en kommer til rotårsakene.

Plass til notater:

6 Forbedre prosessen (*improve*)

Den viktigste leveransen i *measure/analyse*-fasen var de antatt viktigste rotårsakene til mangelfull ytelse for de prioriterte CTQ-ene. I *improve*-fasen har prosjektet følgende leveranser før prosjekteieren og styringsgruppen godkjenner implementering av løsninger:

1. alternative og anbefalte løsningsforslag for alle prioriterte rotårsaker
2. beskrivelse av hvilke kriterier og hvilken vektlegging som er lagt til grunn for anbefalingen
3. risikoanalyse for foreslåtte løsninger
4. oppdatert vurdering av forventede forbedringer
5. oppdatert vurdering av gevinstene (businesscasen)
6. oppdatert fremdriftsplan

Leveransene skal beskrives i prosjektets storyboard.

Implementeringen av løsningene er også en del av *improve*-fasen. Omfanget kan være så stort at implementeringen bør gjøres som et eget prosjekt. Hovedregelen er likevel at L6S-prosjektet er ansvarlig for alle DMAIC-fasene.

6.1 Fremgangsmåten i *improve*-fasen

De prinsipielle trinnene i denne fasen er illustrert i Figur 33. Selv om trinnene er listet opp sekvensielt, kan det avhengig av prosjekttype være aktuelt å gjennomføre flere av trinnene parallelt og/eller i en annen rekkefølge.

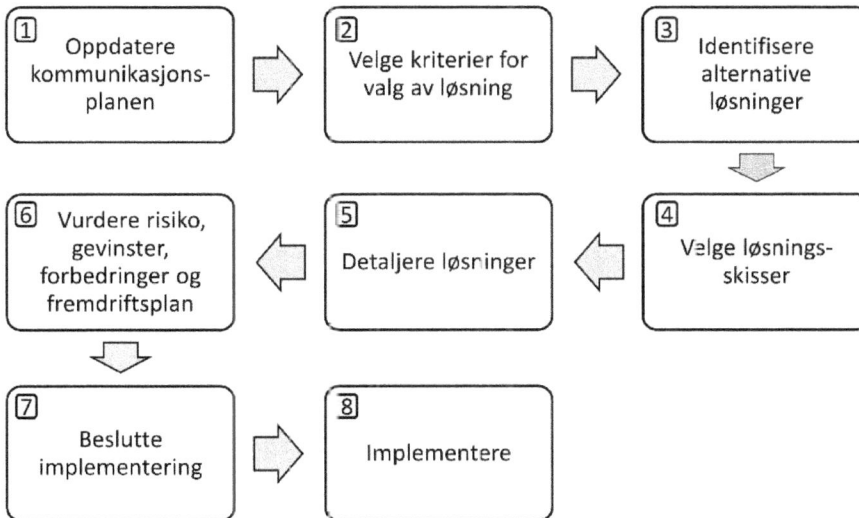

Figur 38. Trinnene i *improve*-fasen. BC = businesscasen.

Trinn 1. Oppdatere kommunikasjonsplanen

Løsningene som skal utvikles i denne fasen, kan innebære nye oppgaver og endringer i ansvar for medarbeidere og ledere som frem til dette tidspunkt ikke har vært involvert i prosjektet. For å sikre fremdriften og muligheten for suksess skal en i *improve*-fasen starte med å oppdatere interessentanalysen og den tilhørende kommunikasjonsplanen. Prosjektets veileder skal sikre at arbeidet gjøres og omsettes i praksis.

Trinn 2. Velge kriterier med vekting

Tidlig identifisering av kriteriene og tilhørende vekting kan legge føringer på hvilke løsningstyper som er aktuelle å foreslå. Vanlige kriterier ved valg av løsninger er

1. effekt med hensyn til CTQ-ene som skal forbedres
2. effekt på kundetilfredshet
3. implementeringstid
4. økonomiske gevinster
5. kostnadene for løsningene og implementeringen
6. løsningenes kompleksitet
7. risiko for at løsningene ikke fungerer etter hensikten

Prosjekteieren og prosjektstyringsgruppen (2) er viktige interessenter som kan ha krav til kriterier og tilhørende vekting. Om kriteriene ikke er definert, kan brainwriting (kapittel 8.1) benyttes som verktøy. Om kriterienes vekting skal bestemmes gjennom en «demokratisk» prosess, kan *kriteriematrisen* benyttes (Figur 39). De relevante interessentene (*Per, Ina* og *Ole* i figuren) får da tildelt en poengsum (*10* i figuren), som de fordeler på de ulike kriteriene. De summerte poengsummene i siste kolonne viser interessentenes felles vurdering av kriterienes betydning. Betydningen øker med økt tallstørrelse. Denne kolonnen tas med i prioriteringsmatrisen for valg av løsninger i trinn 4.

Kriterium	Per	Ina	Ole	Sum
Vanskelighetsgrad for implementering		1	2	3
Kostnad	5	3	3	11
Virkning (mht. CTQ)	3	5	5	13
Kundeeffekt	2	1		3
	10	10	10	30

Figur 39. Eksempel på kriteriematrise.

Trinn 3. Identifisere alternative løsninger

I dette trinnet skal prosjektet identifisere alternative løsninger for de prioriterte rotårsakene. Det kan godt være slik at én løsning fjerner eller reduserer flere årsaker. Alternativene bør først beskrives på overordnet nivå. De valgte løsningene detaljeres senere. Alternative løsninger skal vurderes fordi virksomheten ønsker at prosjektet gjør et grundig og kreativt arbeid for å finne frem til de totalt sett beste løsningene. Innspill i denne sammenheng er å vurdere

1. alternativer på kort sikt og lang sikt, eksempelvis i inneværende år og neste budsjettår

2. kostnadseffektive alternativer selv om disse ikke vil gi full oppnåelse av prosjektets mål med hensyn til gevinster og forbedringer

3. alternativer som bygger videre på eksisterende løsninger

4. innovative alternativer som erstatter det bestående

Brainwriting (kapittel 8.1 og 8.2) er verktøy for å identifisere løsninger. Om det er behov for andre typer kreativitetsverktøy, så finnes flere beskrevet i bøkene (29) og (30).

Løsningsalternativene skal angis i prosjektets storyboard med en tydelig kopling til de tilhørende rotårsakene. I noen prosjekter vil en kunne benytte standardiserte Lean-metoder for å redusere/fjerne de prioriterte årsakene. To slike metoder er beskrevet i kapittel 8.5 og 8.6.

Trinn 4. Velge løsninger

En kan benytte prioriteringsmatrisen (Figur 40) for å rangere og velge blant løsningsalternativene. Matrisen inkluderer alternativene (*A*, *B*, *C*), kriteriene og de tilhørende veiefaktorene. En må angi kriteriene med tydelig polaritet (*lett*, *lav*, *stor*) for å bidra til enhetlig forståelse av tallstørrelsene som skal inn i matrisen.

En «demokratisk» vei frem til prioritering er at alle beslutningstakerne lager sin egen versjon av prioriteringsmatrisen uten diskusjoner med de øvrige. For hver celle skal en vurdere i hvilken grad alternativet møter kriteriet i respektive kolonne. Eksempelvis skal det i øverste hvite celle i kolonne 2 angis i hvilken grad løsning A er lett å implementere. Et høyt tall (for eksempel 9) forteller at løsningen vurderes som lett å implementere. Et lavt tall (for eksempel 1) vil tilsvarende bety at løsning A vurderes som vanskelig å implementere. Skalaen for tallene i prioriteringsmatrisen må begrenses og være lik for alle. I figuren er skalaen heltall fra null til ni.

De individuelle prioriteringsmatrisene summeres i en felles matrise, slik det er illustrert i Figur 41. Kolonnen *Sum* angir beslutningstakernes felles prioritering. Høyeste sum angir høyeste prioritet.

Kriterium\Navn	Per	Ina	Ole	Sum
Vanskelighetsgrad (implementering)		1	2	3
Kostnad	5	3	3	11
Virkning (mht. CTQ)	3	5	5	13
Kundeeffekt	2	1		3
	10	10	10	30

Merk polaritet for kriteriene

Løsning	Lett å implementere	Lav kostnad	Stor virkning	Stor kunde-effekt	SUM
	3	11	13	3	
A					
B					
C					

Figur 40. Kriteriematrise og prioriteringsmatrise.

Per

Løsning	Lett å implementere	Lav kostnad	Stor virkning	Stor kunde-effekt	SUM
	3	11	13	3	
A					
B					
C					

Ina

Løsning	Lett å implementere	Lav kostnad	Stor virkning	Stor kunde-effekt	SUM
	3	11	13	3	
A					
B					
C					

Ole

Løsning	Lett å implementere	Lav kostnad	Stor virkning	Stor kunde-effekt	SUM
	3	11	13	3	
A	1	9	5	5	
B	5	5	9	1	
C	9	5	1	5	

Løsning	Lett å implementere	Lav kostnad	Stor virkning	Stor kunde-effekt	SUM
	3	11	13	3	
A	1	23	7	11	380
B	15	11	23	7	486
C	19	11	3	7	238

= 9+9+1   = 1+1+1

Figur 41. Summering av individuelle prioriteringsmatriser.

Det er viktig ikke å gjennomføre prioriteringsprosessen som en ren «matematisk øvelse». Tallene representerer subjektive synspunkter. Deltakerne må derfor diskutere alle tallstørrelser for å fange opp misforståelser og feil. Om det er uenigheter om resultatet, kan deltakerne finne frem til de cellene i kriterie- og prioriteringsmatrisen med de størst avvikende oppfatningene og diskutere bakgrunnen for uenighetene. Kanskje kreves det i denne sammenheng ytterligere kartlegginger med etterfølgende oppdatering av de tallmessige vurderingene.

Anbefalte løsninger skal sammen med beslutningsunderlaget (prioriteringsmatrisen) angis i prosjektets storyboard. Et enklere og mer visuelt prioriteringsverktøy er beskrevet i kapittel 8.3.

Trinn 5. Detaljere løsninger

De valgte løsningene er på dette tidspunkt beskrevet på overordnet nivå. En må derfor detaljere dem for å kunne oppdatere fremdriftsplanen, forventede forbedringer og gevinster (businesscasen) i neste trinn. En detaljering er også nødvendig om mer inngående risikovurderinger skal gjøres. På samme måte som i trinn 3 bør alternativer vurderes når løsningene detaljeres. En kan som vist i Figur 42 benytte en trestruktur som visuell støtte for å dekomponere en overordnet løsning. Figuren viser et eksempel der løsningen er en ny prosess for håndtering av inngående fakturaer. Trestrukturen dekomponerer hovedaktivitetene *motta*, *attestere* og *betale*. Et funksjonsflytdiagram kunne i tillegg bidratt til å konkretisere flyten i prosessen.

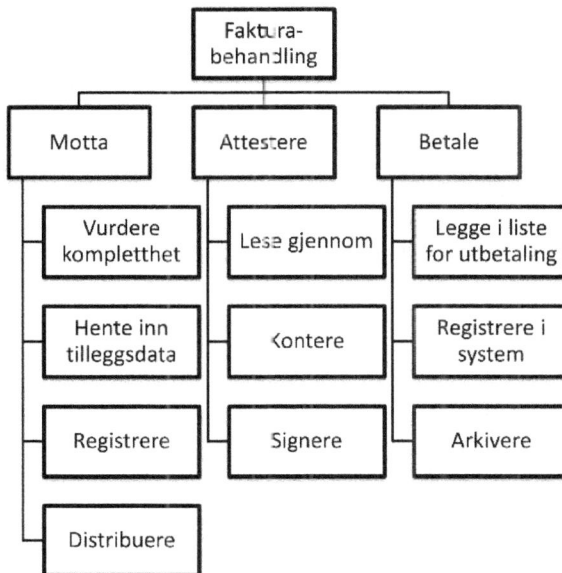

Figur 42. Trestruktur for detaljering av løsninger.

Trinn 6. Vurdere risiko, gevinster, forbedringer og fremdriftsplanen

Dette trinnet kan også være aktuelt etter trinn 3.

For å sikre at det ikke oppstår uønskede konsekvenser av løsningene, skal en gjøre en risikoanalyse. Risikoanalysen inkluderer korrektive tiltak og skal inkluderes i storyboarden. Om en vurderer en risikoanalyse som unødvendig, skal en opplyse prosjekteieren og prosjektveilederen om det. Begrunnelsen skal angis i prosjektets storyboard. Vanlige risikoperspektiver er HMS, økonomi, fremdrift, kvalitet og renommé. Kapitlene 6.2 og 6.3 beskriver verktøy for risikoanalyse.

Med utgangspunkt i de detaljerte løsningene skal prosjektet oppdatere fremdriftsplanen, de forventede forbedringene og gevinstene. Om mulig bør fremdriftsplanen inkludere en fase der en prøver løsningene i begrenset skala for å utbedre mangler og demonstrere at de fungerer etter hensikten.

Trinn 7. Beslutte implementering

Underlaget for endelig beslutning om implementering er på dette tidspunktet beskrevet i storyboarden og omfatter

1. beskrivelse av de alternative løsningene
2. kriteriene for prioritering/valg av løsninger
3. vektleggingen (veiefaktorene) for kriteriene
4. beskrivelse av hvilke løsninger som anbefales
5. oppdatert fremdriftsplan
6. oppdatert businesscase
7. forventede forbedringer
8. risikoanalyse av løsningene

Prosjekteieren og eventuelt styringsgruppen skal beslutte implementering på dette grunnlaget. For å holde motivasjonen oppe bør en fatte beslutningen kort tid etter at beslutningsunderlaget er klargjort. Boka (2) beskriver styringsgruppens arbeid med oppfølgingen av prosjektet.

Trinn 8. Implementere

Implementeringen av løsningene er den avsluttende hovedaktiviteten i *improve*-fasen. Om løsningene skal implementeres og/eller brukes av andre enn dem som inngår i prosjektet, må det planlegges med støtte og tett oppfølging fra første stund. Ingen planer er uten mangler, så prosjektet må være forberedt på og ta høyde for (raske) tilpasninger og endringer.

Om omfanget av implementeringen er stort, kan en unntaksvis vurdere om den bør gjøres som et eget prosjekt.

6.2 Risikoanalyse ved hjelp av FMEA

FMEA (*failure mode and effects analysis*) er et hyppig brukt verktøy for risikoanalyse av prosesser, produkter, systemer, tjenester og arbeidsområder (3), (19), (31). Dette kapitlet beskriver risikoanalyse for en prosess. Eksempler på risikokategorier er *HMS* (helse, miljø og sikkerhet), *kvalitet, fremdrift, økonomi* og *omdømme.*

For å få en best mulig analyse bør en visualisere prosessen og prosessens relevante interessenter og henge visualiseringen opp på veggene der analysen skal gjøres. *Interessenter* kan i denne sammenheng være andre prosesser, systemer, personer, eiendeler (maskiner, utstyr, bygninger med mer) og det ytre miljø. Verktøy for visualisering er for eksempel SIPOC, flytdiagrammer, prosessmodeller (2), trestrukturer, produkttegninger, plantegninger og verdistrømskart.

Risikoanalysen skal gjøres i team. Deltakerne må ha inngående kjennskap til både prosessen som skal analyseres, og konsekvensene av hendelser. En bør planlegge flere møter for å gi rom for å behandle det ukjente.

Risikoanalyse kan være tidkrevende. Med begrensede ressurser kan det derfor være nødvendig å velge en hierarkisk tilnærming. Risiko vurderes da først på overordnet prosessnivå (SIPOC). Resultatet av analysen vil peke ut delprosessene med størst risiko. Risikoanalysen kan deretter gjentas med utgangspunkt i flytdiagrammer som detaljerer de prioriterte delprosessene.

Skjemaet i Figur 43 benytter en til å støtte risikoanalyse ved hjelp av FMEA. Skjemaet krever at prosesstrinnene er blitt systematisk nummerert. Analysen gjøres linje for linje fra venstre mot høyre, slik det er beskrevet i Figur 44. Et delresultat av analysen er et tall i kolonnen *RPN* (*risikoprioriteringsnummer*). Jo større dette tallet er, jo viktigere er det å behandle risikoen. Skjemaet har egne kolonner for korrektive tiltak og ansvarlige for gjennomføring. Etter at korrektive tiltak er implementert, skal en ny risikoanalyse gjøres. Om *RPN*-tallet er akseptabelt lavt etter gjennomførte tiltak, kan analysen avsluttes. Mange virksomheter har programvare for å støtte gjennomføringen av risikoanalyse ved hjelp av FMEA. Fiskebeinsdiagrammet (kapittel 5.1) kan benyttes som visuell støtte i arbeidet med FMEA.

I mange sammenhenger ønsker en å skille mellom sannsynligheten for å oppdage årsaker før hendelsen skjer, og sannsynligheten for å oppdage hendelsen (skaden er skjedd). FMEA-skjemaet kan da enkelt utvides til å inkludere én kolonne for proaktiv deteksjon og én for reaktiv deteksjon.

I litteraturen vises det ofte til standardiserte skalaer med tall fra 1 til 10 for vurdering av henholdsvis alvorlighet (*ALV*), hyppighet (*HYP*) og sannsynlighet for deteksjon (*DET*). Om det ikke er krav om bruk av standardiserte skalaer, bør det utarbeides egne skalaer. Skalaene skal være relevante for prosessen og forstås av alle som deltar i analysen. I de fleste tilfeller vil det være tilstrekkelig med fem nivåer for skalaene. Figur 45 og Figur 46 viser eksempler fra en industriell produksjonsprosess og en prosess for støping av sjaktvegger.

1	2	3	4	5	6	7	8	9	10	11
Prosesstrinn/ produktdel	Mulig hendelse	Mulig konsekvens	A L V	Mulige årsaker	H Y P	Kontroll- mekanismer	D E T	R P N	Tiltak	Ansvarlig

Figur 43. Strukturen i et FMEA-skjema.

Kolonne	Forklaring
1	Angi nummer på prosesstrinn som behandles.
2	Angi hva som kan skje (mulig hendelse) i prosesstrinnet. Dersom det er flere enn én hendelse, bruk flere linjer.
3	Angi mulig konsekvens av hendelsen. Dersom flere mulige konsekvenser, bruk flere linjer.
4	Angi tall som beskriver alvorlighet (ALV = Alvorlighet) for konsekvensen.
5	Angi mulige årsaker til hendelsen. Dersom flere mulige årsaker, bruk flere linjer.
6	Angi tall som forteller hvor ofte hendelsen (alternativt årsaken) opptrer (HYP = Hyppighet).
7	Angi planlagte eller eksisterende kontrollmekanismer som skal sikre at hendelsen (alternativt årsaken) oppdages.
8	Angi tall som forteller om sannsynligheten (DET = Detektere) for å oppdage hendelsen (alternativt årsaken).
9	Multipliser tallene i kolonne ALV, HYP og DET og plasser resultatet i RPN-kolonnen.
10	Angi anbefalte tiltak for å unngå hendelser og konsekvenser (for å fjerne årsaker og/eller innføre kontrollmekanismer).
11	Angi hvem som er ansvarlig for implementering av tiltak.

Figur 44. Beskrivelse av kolonnene i FMEA-skjemaet.

Alvorlighet	Beskrivelse	Hyppighet	Deteksjon
5	Maskinhavar	> 30 %	0 – 20 %
4	Skade på maskin	1 – 30 %	20 – 40 %
3	Driftsstans >15 min	0,1 – 1 %	40 – 60 %
2	Driftsstans <15 min	0,01 – 0,1 %	60 – 80 %
1	Vil ikke merkes	< 0,01 %	80 – 100 %

Figur 45. Eksempel på FMEA-skala for industriell produksjon.

Alvorlighet		
5	Må rive veggen og støpe på nytt	
4	Må pigge vekk eller pusse deler av veggen	
3	Må sparkle eller slipe små områder av veggen	
2	Må foreta normal *kvist og flekk*	
1	Må ikke etterbehandles	
Hyppighet		
5	Svært ofte	Flere enn 15 avvik per 10 sjaktvegger
4	Ofte	10 – 14 avvik per 10 sjaktvegger
3	Av og til	5 – 9 avvik per 10 sjaktvegger
2	Sjelden	2 – 4 avvik per 10 sjaktvegger
1	Svært sjelden	Færre enn 2 avvik per 10 sjaktvegger
Deteksjon		
5	Avviket oppdages ikke	
4	Avviket oppdages ved en tilfeldighet	
3	Avviket oppdages når sjekklisten fylles ut	
2	Avviket oppdages gjennom egenkontroll	
1	Avviket er åpenbart og vil bli oppdaget	

Figur 46. Eksempel på FMEA-skala for støping av sjaktvegger.

6.3 Risikovurdering ved hjelp av ROS-matrise

Risiko og sårbarhetsmatrisen (ROS-matrisen) (32) er på samme måte som FMEA et hyppig brukt verktøy for risikoanalyse. Figur 47 viser ROS-matrisens oppbygning. Skalaen for sannsynlighet går fra *usannsynlig* til *svært sannsynlig*. Skalaen for konsekvens går fra *ubetydelig* til *svært alvorlig*. På samme måte som for FMEA bør disse skalaene konkretiseres med utgangspunkt i det objekt (prosess, produkt, tjeneste eller areal) som skal vurderes. For et gitt objekt identifiseres mulige hendelser, som deretter plasseres som punkter i matrisens celler. Fargekoder i matrisens celler markerer om noe skal gjøres med de enkelte hendelsene. Hvit celle betyr at risikoen er akseptabelt liten. Tiltak er ikke nødvendig. Grå celle betyr at risikoen er for høy. Tiltak bør vurderes. Mørk grå betyr at risikoen er uakseptabelt høy. Tiltak skal gjennomføres. Korrektive tiltak skal redusere sannsynligheten for hendelsen og/eller omfanget av konsekvensene. Tiltakene kan rettes mot både årsaker og selve hendelsen.

ROS-matrisen er mer visuell enn FMEA, men har følgende svakheter:

1. Den inkluderer ikke sannsynlighet for deteksjon.
2. Den kan bli uoversiktlig om det er mange mulige hendelser.
3. Den gir ikke mulighet til å beskrive årsaker og konsekvenser inne i matrisen.
4. Hendelsene er ikke knyttet til prosesstrinn/aktiviteter. Det er dermed vanskelig for utenforstående å vurdere om analysen er komplett. Det blir vanskelig å stille undersøkende og målrettede spørsmål.

Disse svakhetene kan kompenseres ved at ROS-matrisen benyttes som et visuelt verktøy i en helhetlig og metodisk tilnærming til risikoanalysen.

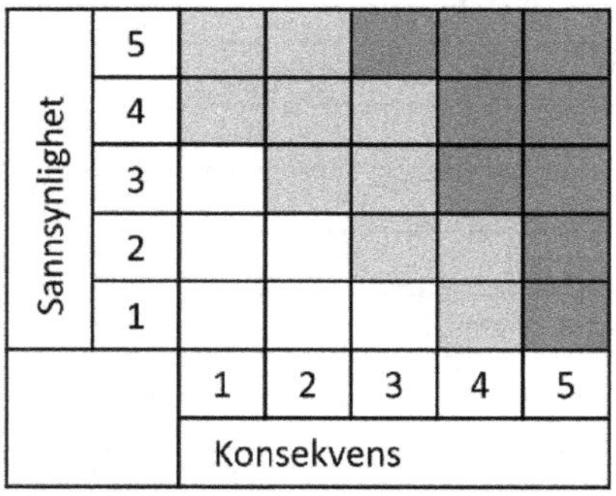

Figur 47. ROS-matrise.

For enklere risikoanalyser der konsekvensene av hendelser ikke er knyttet til HMS, kan ROS-matrisens skalaer reduseres til to nivåer (*lav, høy*). Ovennevnte fargekoder er da heller ikke nødvendige. Verdien av analysen ligger da først og fremst i visualiseringen og de tilhørende diskusjonene. Se også prioriteringsverktøyet beskrevet i kapittel 8.3.

7 Dokumentere forbedring og sørge for varighet og gjenbruk (*control*)

Control er den siste fasen i DMAIC-metoden. Før prosjektet godkjennes og formelt avsluttes av prosjekteieren og/eller styringsgruppen, skal prosjektet

1. dokumentere oppnådde forbedringer for CTQ-ene (*forbedring*)
2. dokumentere økonomiske og andre gevinster (*forbedring*)
3. definere og plassere nytt ansvar (*varighet*)
4. endre målesystemer og rapporter (*varighet*)
5. dokumentere den nye prosessen (*varighet*)
6. standardisere den nye prosessen (*varighet*)
7. gjennomføre opplæring og oppdatere opplæringsprogrammer (*varighet*)
8. evaluere prosjektet (*videre muligheter*)
9. angi muligheter for gjenbruk (*videre muligheter*)
10. angi forslag til videre forbedringer (*videre muligheter*)

Leveransene er delt inn i kategoriene *forbedring, varighet* og *videre muligheter* og beskrives i de følgende punktene. Leveransene dokumenteres i storyboarden.

7.1 Leveranser i kategorien *forbedring*

Dokumentere oppnådde forbedringer for CTQ-ene

Prosjektet skal måle og dokumentere den forbedrede ytelsen for CTQ-ene. Om dette ikke skal gjøres, se første merknad i kapittel 4.3. Histogrammer, paretodiagrammer og kontrolldiagrammer (kapittel 5.6) er mulige verktøy for å dokumentere forbedringene.

I Figur 48 benyttes to histogrammer til å visualisere reduksjonen i timeforbruk for prosessen *søknadsbehandling*. Før implementering av løsninger er de fleste måleresultatene over kravet, som er markert med en vertikal linje ved 18,5 timer. Etter implementering ligger alle målinger med god avstand til denne grensen.

Kontrolldiagrammet i Figur 49 viser omstillingstiden for en fresemaskin før og etter implementering av løsninger. Gjennomsnittet ($\bar{X}$) har fått et nytt og lavere nivå etter implementering. Det samme har variasjonen målt som bredden mellom kontrollgrensene (UCL og LCL).

Paretodiagrammene i Figur 50 viser ytelse målt i antall registrerte avvik per avvikstype. Det øverste diagrammet viser at *avvik 3* utgjør 48 % av avvikene før forbedring. Det etterfølgende viser at *avvik 3* utgjør bare 7,3 % etter forbedring. En tilhørende hypotesetest vil vise at forbedringen er signifikant.

Om det er vesentlig forskjell mellom målene satt i *define*-fasen og de faktisk oppnådde resultatene, skal det forklares i evalueringen av prosjektet.

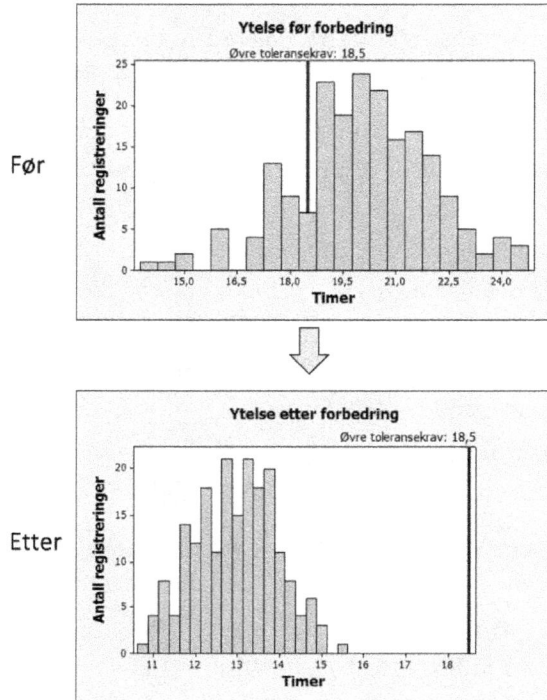

Figur 48. Histogram som viser ytelse før og etter forbedring.

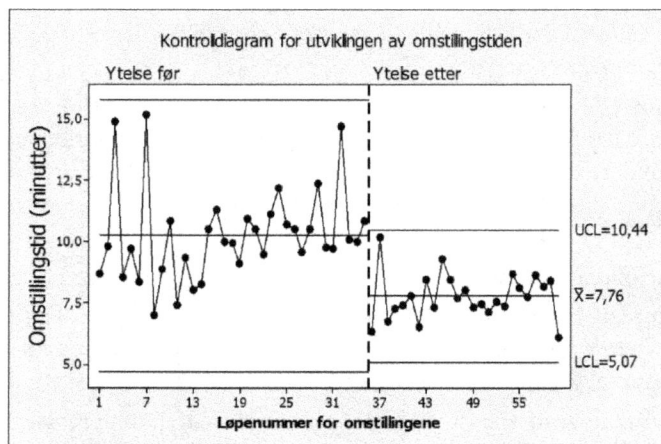

Figur 49. Kontrolldiagram som viser ytelse før og etter forbedring.

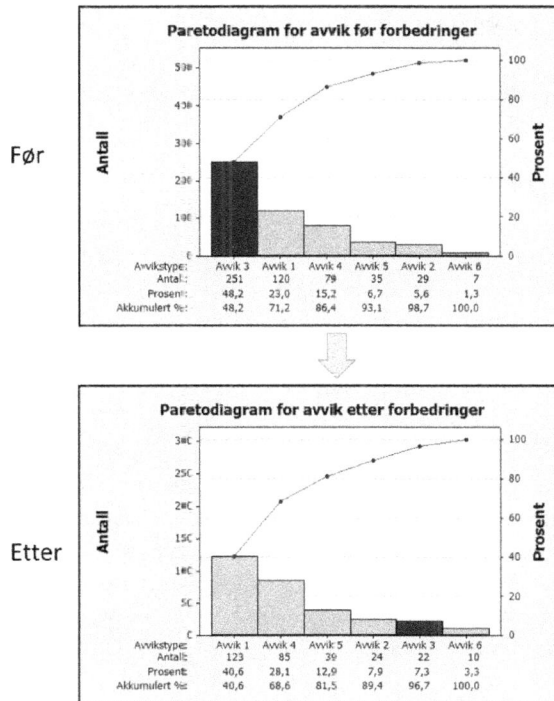

Paretodiagram for avvik før forbedringer

Før

Avvikstype:	Avvik 3	Avvik 1	Avvik 4	Avvik 5	Avvik 2	Avvik 6
Antall:	251	120	79	35	29	7
Prosent:	48,2	23,0	15,2	6,7	5,6	1,3
Akkumulert %:	48,2	71,2	86,4	93,1	98,7	100,0

Paretodiagram for avvik etter forbedringer

Etter

Avvikstype:	Avvik 1	Avvik 4	Avvik 5	Avvik 2	Avvik 3	Avvik 6
Antall:	123	85	39	24	22	10
Prosent:	40,6	28,1	12,9	7,9	7,3	3,3
Akkumulert %:	40,6	68,6	81,5	89,4	96,7	100,0

Figur 50. Paretodiagram som viser ytelse før og etter forbedring.

Dokumentere økonomiske gevinster og andre gevinster

Økonomiske og andre gevinster ble vurdert i *define*-fasen og oppdatert i *improve*-fasen. I *control*-fasen skal de endelige gevinstene vurderes. Figur 43 viser et enkelt regnearkeksempel som inkluderer både de opprinnelige og de endelige vurderingene av gevinstene. Om det er vesentlig forskjell mellom de to, skal det forklares i evalueringen.

Inntekter/besparelser	Forventet	Virkelig
Redusert vrak	350	400
Økt materialutnyttelse	75	150
Sum	425	550
Kostnader		
Interne timer	60	40
Ekstern bistand	55	60
Nytt utstyr	100	90
Sum kostnader	215	190
Gevinst	210	360

Figur 51. Regnearkoppstilling av oppnådde økonomiske gevinster.

7.2 Leveranser i kategorien *varighet*

Leveransene i denne kategorien skal sikre varighet for løsningene og CTQ-enes ytelse og er beskrevet i avsnittene under.

Definere og plassere ansvar

Nye løsninger vil innebære endringer i eierskap, ansvar og mål for enkeltpersoner. Endringene skal beskrives, besluttes, aksepteres og følges opp. Endringer i ledernes standard arbeid (1) inngår i dette. Standard arbeid er blant annet formaliserte oppgaver som må gjøres for at prosesser skal yte i tråd med krav. Om prosjektet har gjenstående «restaktiviteter», skal de overføres til rette linje-/prosessleder før prosjektet avsluttes.

Endre målesystemer og rapporter

Nye løsninger kan kreve endringer i målesystemer og rapporter for kontroll og dokumentasjon av ytelse for berørte prosesser, produkter og tjenester. Om dette ikke ble ivaretatt i *improve*-fasen, skal prosjektet gjøre det i *control*-fasen. Før slike endringer gjøres, skal prosjektet gå i dialog med interessentene til målesystemene og rapportene. Hensikten er å forstå de helhetlige kravene og sikre et best mulig resultat for alle.

Dokumentere prosessen

Prosessdokumentasjon er nødvendig for opplæring, kommunikasjon, forbedringsarbeid, standardisering, definering av ansvar og gjennomføring av risikoanalyse. Virksomheten bør derfor ha et prosessdokumentasjonssystem som er helhetlig, lett tilgjengelig og enkelt å bruke, vedlikeholde og videreutvikle. Det er L6S-prosjektets ansvar å sørge for oppdatering av prosessdokumentasjonen knyttet til de løsninger som er implementert.

Gjennomføre opplæring og oppdatere opplæringsprogrammer

Det er prosjektets ansvar å sørge for opplæring knyttet til løsningene som er utviklet. I mange tilfeller er dette gjort allerede før implementeringen starter i *improve*-fasen. Det er også prosjektets ansvar å sørge for at relevante opplæringsprogrammer oppdateres. Om det ikke eksisterer et opplæringsprogram, men burde finnes et, skal prosjektet inkludere det i sitt forslag til videre forbedringer.

Standardisere prosessen

Å standardisere innebærer å lage spesifikasjoner og deretter implementere og bruke spesifikasjonene. «Alt» kan i prinsippet standardiseres: prosesser, rutiner, metoder, dokumenter, kompetanse, leverandører, farger, materialer, maskiner, etiketter, bekledning, tavler, emballasje, merking av farlige arbeidsområder, skilt og så videre. I *control*-fasen skal prosjektet standardisere det som bør standardiseres for at ytelsen på det forbedrede nivået blir varig (se også kapittel 8.5).

7.3 Leveranser i kategorien *videre muligheter*

Evaluere prosjektet

Prosjektet har investert et betydelig antall timer i gjennomføringen og høstet mye erfaring. Prosjektlederen, deltakerne og prosjekteieren skal derfor sammen evaluere prosjektet. Hensikten med evalueringen er primært å få til bedre og raskere L6S-prosjekter i fremtiden.

Evalueringen bør inkludere positive og negative erfaringer med følgende:

1. forarbeidet før oppstart av prosjektet (identifisering av problem og mobilisering av prosjektet)

2. involveringen av og kommunikasjonen med prosjektets interessenter

3. metodene, verktøyene, malene og annen støtte på intranettet

4. utdanningen av prosjektdeltakerne i metoder og verktøy

5. prosjektets veiledningsfunksjon (formen på denne, tilgjengelighet, omfang)

6. ressursallokeringen for prosjektdeltakerne og andre viktige bidragsytere

7. overleveringen av løsninger, ansvar og eierskap fra prosjektet til linjeledelsen og prosesseierne

8. virksomhetens håndtering av prosjektets forslag til gjenbruk av resultater og erfaringer

9. prosjekteierens og styringsgruppens engasjement, involvering, støtte og oppfølging (håndteringen av prosjektets risikofaktorer inngår i dette)

Evalueringen skal inkludere forslag til forbedringer. Forslagene kan eventuelt inngå i leveransene beskrevet i de to neste avsnittene.

Muligheter for gjenbruk av prosjektresultater

Gjenbruk av løsninger og erfaringer betyr raskere forbedringer og gevinster med mindre ressursbruk og redusert risiko. Gjenbruksmulighetene kan være identifisert og planlagt allerede før mobilisering av prosjektet (2), men kan også oppdages gjennom prosjektets arbeid. Alle viktige gjenbruksmuligheter skal angis i prosjektets storyboard. Prosjekteieren, styringsgruppen og lederen for intern forretningsutvikling skal sørge for at mulighetene for gjenbruk kommuniseres og ivaretas.

Foreslå videre/nye forbedringsmuligheter

Prosjektet kan ha identifisert nye forbedringsmuligheter. Identifiseringen kan komme som følge av bevisste avgrensninger som prosjektet gjør, som følge av ny innsikt eller som følge av tilfeldige oppdagelser. Viktige muligheter skal angis i prosjektets storyboard. Prosjekteieren, styringsgruppen og lederen for intern forretningsutvikling skal sørge for at forslagene kommuniseres og ivaretas.

Plass til notater:

8 Andre viktige verktøy

Dette kapitlet introduserer følgende verktøy og metoder til bruk i prosessforbedringer:

1. brainwriting og votering
2. brainwriting 6-3-5
3. verktøy for visuell prioritering
4. verdistrømskartlegging
5. arbeidsplassorganisering ved hjelp av 5S
6. raske omstillinger ved hjelp av DMAIC

8.1 Brainwriting og votering

Brainwriting er et hyppig brukt verktøy i møter (21), (20). Fordelen med denne teknikken er at alle som deltar, får tid til å tenke seg om og utarbeide egne forslag uten å forstyrres eller påvirkes. Alle blir hørt uavhengig av posisjon, erfaring, kjønn, alder, språkkunnskaper med mer.

Deltakerne i brainwritingen bør være forberedt. Trinnene i gjennomføringen vil normalt være følgende:

1. Møtelederen går igjennom hensikten med brainwritingen og forklarer fremgangsmåten.
2. Deltakerne formulerer sine forslag/ideer med tydelig skrift på «gule» lapper. Det skal være én idé per lapp. I denne fasen skal det ikke diskuteres eller samarbeides.
3. Når alle er ferdige, samles forslagene inn.
4. Møtelederen går igjennom hver gul lapp, leser den høyt, forsikrer seg om at alle forstår innholdet, og plasserer den på tavla. I dette arbeidet fjernes dubletter, og lappene organiseres i kategorier. Om det er behov for endringer i teksten (for eksempel presiseringer og skriftstørrelse), gjør møtelederen dem som en del av gjennomgangen. Et alternativ til at møtelederen har en koordinerende rolle, er å la deltakerne selv gå frem til tavla og gjøre renskrivning og kategorisering.
5. Møtelederen engasjerer alle i en diskusjon om resultatet. Hensikten er å rydde opp i uklarheter, finne mangler, identifisere bedre alternativer og komplettere forslag.
6. Til slutt struktureres resultatet, og eventuell prioritering kan gjøres.

Votering (*multivoting*) er en fremgangsmåte som kan benyttes når flere personer skal prioritere eller rangere alternativer. Den trinnvise tilnærmingen er slik:

1. Møtelederen skriver opp/visualiserer alternativene på en tavle.

2. Hver person får tildelt 100 poeng for sin samlede stemmegivning. Poengene skal fordeles på de ulike alternativene. Den enkelte får gi maksimum 50 poeng og minimum 5 poeng per alternativ. Grunnen til dette er at prioriteringene da blir tydeligere, og at enkeltpersoner ikke får trumfet igjennom sine favoritter.

3. Hver deltaker skriver en gul lapp med sin poengtildeling for hvert av alternativene som hun ønsker å gi poeng. Poenggivingen skal gjøres stille.

4. Når alle er klare til å avgi stemmer, plasseres de gule lappene på de respektive alternativene på tavla.

5. Møtelederen summerer poengene og rangerer alternativene.

6. Deltakerne diskuterer resultatet og gjør eventuelle begrunnede endringer.

8.2 Brainwriting 6-3-5

Brainwriting 6-3-5 (20) gjennomføres nesten på samme måte som vanlig brainwriting (kapittel 8.1). Forskjellen mellom de to teknikkene ligger i at alle som deltar i brainwriting 6-3-5, skal komme med to–tre ideer/forslag. Metoden virker således mer «drivende» og engasjerende enn vanlig brainwriting. Teknikken krever at alle deltakerne har kompetanse som gjør at de kan bidra med forslag. Metoden kan med fordel brukes dersom deltakerne ikke er vant til å bidra med sine synspunkter og i utgangspunktet ønsker å være passive. For å organisere ideene som kommer frem, kan møtelederen ha en stor tabell på en tavle eller via en projektor. Figur 52 under er et eksempel på en slik tabell. Med utgangspunkt i forslagene kan deltakerne diskutere og eventuelt prioritere forslagene. Til slutt: Tallene 6-3-5 betyr at *6 personer skal generere 3 ideer hver i løpet av 5 minutter.* Den interesserte leser forstår sikkert at metoden fungerer like godt også med valg av andre tallstørrelser.

Navn	Idé 1	Idé 2	Idé 3
Person 1			
Person 2			
--			
--			
--			
Person 6			

Figur 52. Tabell for brainwriting 6-3-5.

8.3 Verktøy for visuell prioritering

Når prioritering skal gjøres med utgangspunkt i tre like viktige kriterier, kan fremstillingen i Figur 53 være aktuell. Figuren har to kriterieakser. I dette tilfellet er kriteriene knyttet til risiko (*markedsrisiko, teknologirisiko*). Det siste kriteriet, i dette tilfelle *kostnad*, visualiseres gjennom størrelsen (arealet) på ringene i figuren. Med utgangspunkt i denne fremstillingen kan de ulike alternativene diskuteres og prioriteres.

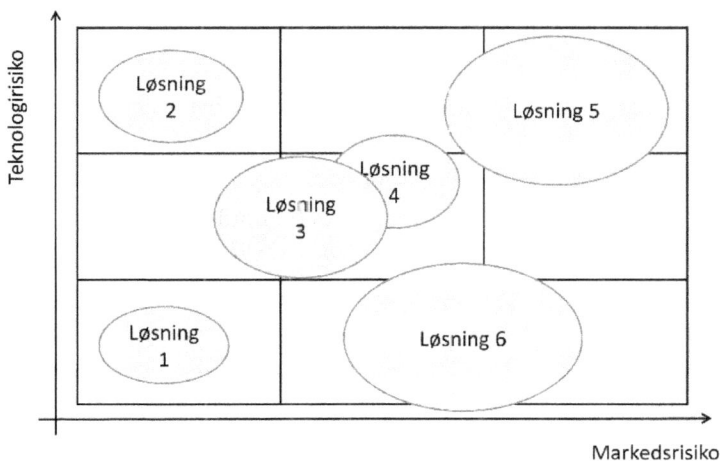

Figur 53. Visuelt prioriteringsverktøy.

8.4 Verdistrømskartlegging

Et verdistrømskart (5), (33) er en type prosesskart som inkluderer fakta og informasjonsflyt. Kartlegging av verdistrømmer (VSM = Value Stream Mapping) er aktuelt i flere sammenhenger:

1. når virksomheten i det strategiske arbeidet skal kople strategiske mål til delmål i prosessene (2)

2. når produktansvarlige, leveranseansvarlige eller kundeansvarlige skal kartlegge hvor årsaker til mangelfull kundeopplevd ytelse oppstår (kvalitet, ledetid, gjennomløpstid, ressurseffektivitet, kostnader)

3. når L6S-prosjekter har behov for å visualisere og forstå ende-til-ende-sammenhenger for deretter å fokusere sine aktiviteter

4. når virksomheten i arbeidet med å utvikle leverandørene selv aktivt går inn i leverandørenes prosesser for å oppnå raskest mulig bedring av ytelsen på sine leveranser

5. når avdelingslederen og medarbeiderne skal identifisere delproblemer i egne prosesser for å fokusere arbeidet med kontinuerlige forbedringer (1)

Den opprinnelige definisjonen av *verdistrøm* er «alle aktiviteter, verdiøkende og ikke-verdiøkende, som kreves for at en skal bringe et produkt fra konsept til lansering og fra ordre til leveranse». Verdistrømskartlegging er altså begrenset til en type objekt eller en familie av lignende objekter som behandles/realiseres gjennom de samme prosesstrinnene. Det enkelte prosesstrinn i en gitt verdistrøm vil i mange tilfeller også «behandle» objekter som inngår i andre verdistrømmer.

Verdistrømskart kan benyttes for andre typer «objekter» enn produkter. Definisjonen av verdistrømmer må da tilpasses typen «objekt» som kartlegges. Eksempelvis vil en verdistrøm for et pasientforløp kunne defineres som «alle aktiviteter, verdiøkende og ikke verdiøkende, som kreves fra diagnostisering til avsluttet behandling». Verdistrømskart kan benyttes for hele eller deler av den komplette ende-til-ende-verdistrømmen.

Følgende er eksempler på verdistrømmer:

1. eggets vei fra buret i klekkeriet til kjøledisken i butikken

2. pasientens vei fra han ankommer til akuttmottaket, til han er friskmeldt hos legen i primærhelsetjenesten

3. byggesøknadens vei fra byggherren til endelig godkjenning hos kommunen

4. sekvensen av prosesstrinn mellom inngående varelager og utgående ferdigvarelager som skal til for at en skal kunne produsere, sammenstille, teste og pakke varmtvannsberedere av typen «Maxi Turbo»

Legg merke til at de tre første eksemplene over beskriver verdistrømmer der det objektet som går inn, er det samme som det som kommer ut. I eksempel 4 vil det være parallelle mindre verdistrømmer som leverer delprodukter som settes sammen på ulike punkter på veien mot ferdig sluttprodukt (varmtvannsbereder). Et komplett verdistrømskart for varmvannsberederne vil derfor ha en trestruktur (dreid + 90 grader) der hver gren kan betraktes som en del av den totale verdistrømmen. Prosesstrinnene i trestrukturen kan ha koplinger (informasjon eller objekter) på tvers av grenene.

Det kan være for tidkrevende å kartlegge alle grenene i trestrukturen. For å avgrense omfanget bør en derfor begynne kartleggingen med en fokusert og klar hensikt. Et eksempel er *å finne direkteårsakene til lang gjennomløpstid*. Et annet eksempel er *å finne flaskehalsene for produksjonskapasiteten*.

Hva er så forskjellen på verdistrømskart og tradisjonelle prosesskart? Tradisjonelle flytdiagrammer (kapittel 5.3) viser beslutninger og detaljer i flyten av objekter. I standardutformingen har disse verktøyene ikke støtte for køer, lager, symboler som definerer flyten mellom prosesstrinn, fakta, visualisering av prosessens gjennomløpstid eller visualisering av informasjonsflyt som prosesstrinnene behøver for å starte og operere. Verdistrømskart har støtte for disse punktene. Verdistrømskart er derimot ikke like egnet til å kartlegge beslutningspunkter, detaljert flyt og alternative forløp. Flytdiagrammer kan derfor benyttes som et supplement til verdistrømskart når det er viktig å forstå detaljene i de prosesstrinnene som visualiseres i verdistrømskartet.

Figur 54 viser en oversikt over viktige symboler som brukes når en skal tegne verdistrømskart.

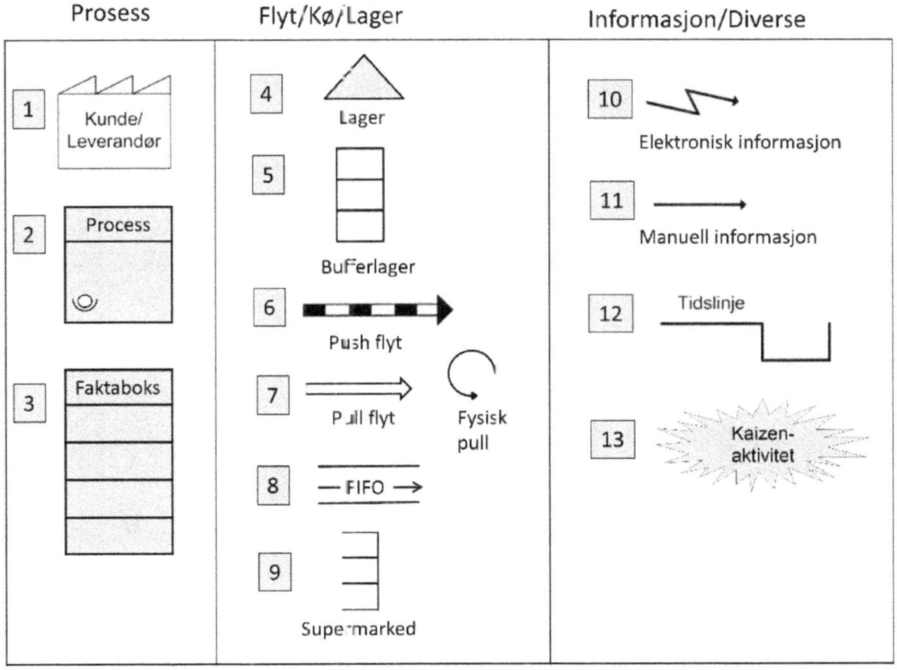

Figur 54. Viktige VSM-symboler.

Forklaring til VSM-symbolene:

1. Kunde/leverandør
   Symbolet brukes både for leverandørene og for kundene til verdistrømmen. Type eller navn på leverandør/kunde angis med tekst inne i boksen.

2. Prosess
   Symbolet representerer en prosess, delprosess eller aktivitet. Symbolet i nedre venstre hjørne representerer ressursbruken i prosesstrinnet knyttet til det produkt eller den tjeneste som kartlegges. Ressursene angis typisk som andeler av dagsverk/skift eller timer per skift.

3. Faktaboks
   Dette er en tekstboks som knyttes til de to foregående symbolene. Innholdet i faktaboksen er viktige variabler med tilhørende nøkkeltall. Eksempler på variabler er *gjennomløpstid, syklustid, omstillingstid, stopptid, defektandel, ordrestørrelse* og *bestillingsfrekvens.*

4. Lager
   Trekantsymbolet representerer et tilfeldig, ikke-strukturert, ikke-planlagt lager mellom prosesstrinn. I symbolets tekstfelt angis antall varer/saker

som venter.

5. Bufferlager

Bufferlageret er et planlagt lager som en bruker for å være leveransedyktig ved varierende etterspørsel fra etterfølgende prosesstrinn/kunde.

6. Push-flyt

Symbolet benyttes til å vise at varer/produkter/saker «skyves» videre til neste trinn uten at et behov nødvendigvis er til stede.

7. Pull-flyt

Pull-flyt innebærer at flyten av varer/produkter/saker mellom prosesstrinn er styrt av behovet til den etterfølgende. To typer pull-symboler er vist i figuren. Den rette, stiplede pilen angir retningen på flyten. Den buede pilen med retning mot klokka brukes ofte sammen med symbolet for supermarkedlager. Sammen illustrerer de to symbolene at det er pull-flyt via et planlagt lager mellom to prosesstrinn.

8. FIFO-lager (FIFO = first in, first out)

FIFO-lager benyttes når varer/produkter/saker ligger i en køordning mellom prosesstrinn. Det som kommer først inn i køen, behandles først i det etterfølgende prosesstrinnet. Et FIFO-lager kan ha en maksimumsgrense. Det vil si at når lageret har nådd den definerte grensen, slutter oppstrømsprosessen å levere.

9. Supermarkedlager

Dette symbolet representerer en lagertype tilsvarende den som benyttes for drikkeflasker på supermarkeder og bensinstasjoner. Når kundene tar en drikkevare fra bufferlageret i kjøleskapet, rykker neste flaske automatisk frem i køen. Når nivået for en type drikkevare er under et definert nivå, flagges dette automatisk, slik at prosesstrinnet foran kan fylle opp.

10. Elektronisk informasjon

Symbolet representerer informasjon som overføres elektronisk mellom prosesser, kunder og leverandører. Det bør knyttes fakta til symbolet. Fakta kan for eksempel være informasjon om innhold og frekvens.

11. Manuell informasjon

Symbolet representerer informasjon som flyter «manuelt» mellom prosesser, kunder og leverandører. Eksempler kan være fysiske dokumenter, tegninger, skjemaer og sjekklister. Symbolet kan også benyttes om informasjon som overbringes muntlig. Det bør knyttes fakta til symbolet som beskriver informasjonen.

12. Tidslinje
Tidslinjen tegnes normalt i bunnen av kartet. På det høye nivået angis gjennomløpstiden for verdiøkende aktiviteter. På det lave nivået angis tiden i ikke-verdiøkende aktiviteter. Dersom en verdiøkende aktivitet inkluderer mye ikke-verdiøkende tid, kan en dele det høye nivået i to for å kunne skille mellom verdiøkende tid og ikke-verdiøkende tid. På slutten av tidslinjen summeres tallene for høyt og lavt nivå. De to summene benyttes så til å beregne forholdet mellom tiden på høyt og tiden på lavt nivå. Om det er viktig å kartlegge avstander og arealbruk i prosessen, kan den informasjonen tas med på samme måte som tidslinjen i bunnen av kartet.

13. Kaizen-aktivitet. *Kaizen* er japansk og betyr *kontinuerlig forbedring*. Symbolet representerer identifiserte forbedringsmuligheter.

Følgende fremgangsmåte ved kartlegging av verdistrømmer foreslås:

1. Heng opp brunpapir (ca. 1,5 m x 3 m) på veggen. Verdistrømskartet skal tegnes på det. Benytt A5-ark og *gule lapper* for visualisering av symboler og fakta.

2. Velg hvilken type «objekt» som skal kartlegges.

3. Konkretiser og avgrens hensikten med kartleggingen. Eksempel: *å kartlegge viktige direkteårsaker til lang gjennomløpstid.*

4. Definer verdistrømmens stopp, eksempelvis *produkt ferdig pakket*. Starten kan også defineres om det er samme objekt ved start som ved slutt. Eksempelvis vil dette gjelde for objektet *egg*.

5. Start kartleggingen med kunden og kundebehovet, og gå deretter oppstrøms i verdistrømmen.

6. Tegn inn viktige prosesstrinn, flytsymboler, relevant informasjonsflyt, lager, leverandører og faktabokser.

7. Tegn inn en tidslinje under verdistrømskartet.

8. Med utgangspunkt i hensikten med kartleggingen: Identifiser viktige variabler som ønskes målt. Angi dem i faktaboksene.

9. Planlegg og gjennomfør datainnsamlingen.

10. Gå prosessen motstrøms hvis det er mulig og hensiktsmessig. Observer, snakk med dem som jobber der, om problemer, muligheter, ytelse, bestillingsmåte, leveringsmåte og lagringsmåte. Noter det som faktisk observeres.

11. Oppdater verdistrømskartet med fakta fra datainnsamlingen og gjennomgangen av prosessen.

12. Visualiser delproblemer i verdistrømmen ved hjelp av kaizen-stjerner.

VSM - lampeproduksjon

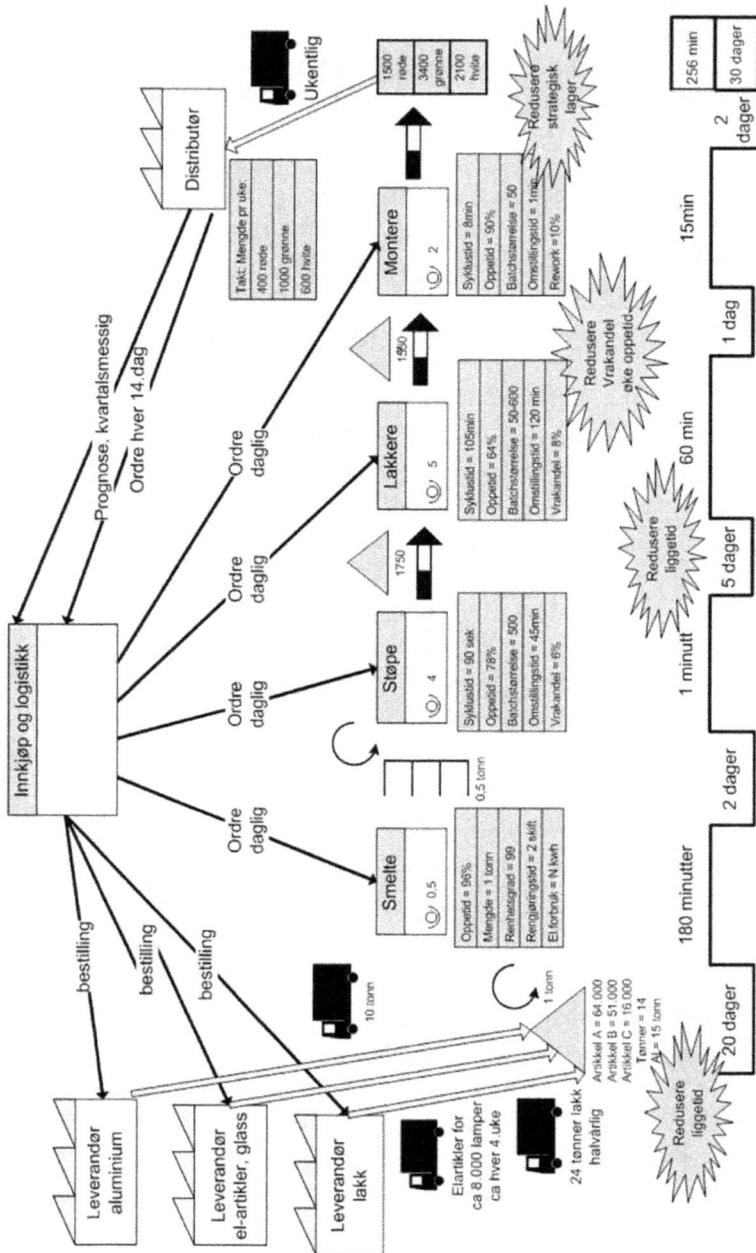

Distributør

Ukentlig

1500 røde
3400 grønne
2100 hvite

Redusere strategisk lager

Prognose, kvartalsmessig

Ordre hver 14.dag

Innkjøp og logistikk

Ordre daglig

Takt: Mengde pr uke
400 røde
1000 grønne
600 hvite

Montere
2
Syklustid = 8min
Oppetid = 90%
Batchstørrelse = 50
Omstillingstid = 1maj
Rework =10%

1500

Lakkere
5
Syklustid = 105min
Oppetid = 64%
Batchstørrelse = 50-600
Omstillingstid = 120 min
Vrakandel = 8%

Redusere Vrakandel øke oppetid

1750

Støpe
4
Syklustid = 90 sek
Oppetid = 78%
Batchstørrelse = 500
Omstillingstid = 45min
Vrakandel = 6%

Ordre daglig

Ordre daglig

0,5 tonn

Smelte
0,5
Oppetid = 96%
Mengde = 1 tonn
Renhetsgrad = 99
Rengjøringstid = 2 skift
El-forbruk = N kwh

Ordre daglig

Redusere liggetid

bestilling

bestilling

bestilling

Leverandør aluminium

Leverandør el-artikler, glass

Leverandør lakk

10 tonn

Elartikler for ca 8 000 lamper ca hver 4 uke

24 tonner lakk halvårlig

1 tonn

Artikkel A = 64 000
Artikkel B = 51 000
Artikkel C = 16 000
T tonner = 14
Al = 15 tonn

Redusere liggetid

20 dager

180 minutter

2 dager

1 minutt

5 dager

60 min

1 dag

15min

256 min
30 dager

2 dager

Figur 55. Verdistrømskart for lampeproduksjon.

8.5 Arbeidsplassorganisering ved hjelp av 5S

Arbeidsplassorganisering ved hjelp av metoden 5S (34), (35) skal i tillegg til rene og ryddige arbeidsområder bidra til bedret ytelse i arbeidsprosessene. Orden og renhet er viktig for medarbeidernes tilfredshet og inntrykket som kunder og andre besøkende får. Implementering av 5S kan utfordre den bestående «kulturen» og krever derfor involverende planlegging. Omfanget av planleggingen og tiden for gjennomføring avhenger av størrelsen på området (arealet), antall personer som jobber der, og nivået på orden og renhet ved oppstart. Lean-manageren skal sammen med Lean-koordinatorene være pådrivere og støtte for ledere og medarbeidere i alle faser av 5S. Følgende aktiviteter er viktige i planleggingsfasen:

1. å etablere en kommunikasjonsplan (kapittel 4.1) for å sikre involvering av og forankring hos alle viktige interessenter;

2. å definere området (arealet) som skal reorganiseres;

3. å dele området inn i soner. Bruk av plantegninger (Figur 57) med fargekoding av soner er hensiktsmessig når en skal visualisere oppdelingen;

4. å etablere team med ansvar for gjennomføring av 5S i de ulike sonene. Fellesarealer skal inkluderes. Teamene skal ha ansvaret for renhet og orden også etter gjennomføringen av 5S;

5. om relevant: å kartlegge prosessene i sonene;

6. om relevant: å gjennomføre overordnede verdistrømsanalyser og logistikkanalyser for hele området. Hensikten er å få et helhetlig bilde av bevegelser, informasjonsflyt og flyt av objekter gjennom områdets soner;

7. å kartlegge kravene til sonene og prosessene i dem (1). Kravene til sonene vil handle om renhet, orden, HMS, kvalitet, leveranseprecisjon, effektivitet, produktivitet og samarbeid. Reorganiseringen skal bidra til å oppfylle disse kravene. Om det skal være tavler og møter i området, må tilhørende behov og krav også inngå i kartleggingen;

8. å komplettere relevante interne standarder som skal benyttes for skilttyper, fonter, fargevalg, boksstørrelser, mappetyper, tavler, tapetyper, sjekklister, instrukser med mer;

9. å avklare om og eventuelt hvordan maskiner, instrumenter og utstyr skal merkes og inkluderes i virksomhetens eiendelsregister;

10. å opprette en aktivitetsliste og en anskaffelsesliste per sone. Listene oppdateres løpende under gjennomføringen av 5S;

11. å utvikle en 5S-sjekkliste. Sjekklisten brukes til å gjøre en tallmessig vurdering av nivået på *orden og renhet* i sonene. Listen skal kunne benyttes over lang tid og være uavhengig av sone i det aktuelle arbeidsområdet. Alle punktene i listen skal være relevante for alle sonene. Hvert punkt bør være så konkret at det er enkelt å gjøre en «objektiv» vurdering av sonenes score;

12. å etablere et midlertidig «mellomlager» for gjenstander som skal fjernes fra sonene. Et slikt område kalles ofte et *red-tag-område*. En person skal være ansvarlig for red-tag-området og sørge for at det raskest mulig blir avviklet. Det bør etableres en oversikt/logg med informasjon om hvilke gjenstander som er flyttet til red-tag-området, og hvor de er kommet fra, og et kommentarfelt. Alle gjenstander som tas ut fra red-tag-området igjen, skal kvitteres ut (hvem, hva, når, hvorfor), slik at de ikke ukontrollert finner veien tilbake til sonene igjen;

13. å gjennomføre en tallmessig vurdering av 5S-nivået i sonene ved hjelp av 5S-sjekklisten;

14. å definere konkrete 5S-mål for gjennomføringen. En trinnvis tilnærming mot et fremtidig målbilde kan vurderes;

15. å etablere en detaljert fremdriftsplan som inkluderer alle sonene. Rekkefølgen på gjennomføringen i de ulike sonene må diskuteres med teamlederne og øvrige ledere. I fabrikklokaler kan det være hensiktsmessig å starte med områder med støttefunksjoner (for eksempel verksted). En god fremdriftsplan gir minimum negativ effekt på ytelsen til prosessene under 5S-implementeringen.

Implementeringen av 5S vil innebære endringer for alle i området og kan som nevnt utfordre den eksisterende kulturen. Når virksomheten planlegger, forankrer og beslutter 5S, må lederne tydelig informere om at 5S skal gjennomføres og lykkes. Alle relevante ledere må vise engasjement, være synlige og gå foran med et godt eksempel. Det foreslås at lederne derfor

- gjennomfører 5S i egne lokaler og kontorer
- sørger for at de selv har konkrete oppgaver på synlige 5S-relaterte aktivitetslister, og gjennomfører oppgavene innen angitte frister
- investerer i oppgradering av fellesområder (trappeoppganger, korridorer, pauserom, toaletter, vegger, tak og vinduer) på et tidlig tidspunkt i implementeringen
- sørger for raske beslutninger om tiltak og mindre investeringer/innkjøp når teamlederne kommer med forslag under 5S-gjennomføringen

Resten av kapitlet gir en introduksjon til trinnene i 5S (Figur 56). Fremgangsmåten gjelder per sone, og teamene er ansvarlige for gjennomføringen. Selv om trinnene beskrives sekvensielt, vil viktige aktiviteter i de ulike trinnene overlappe i tid i en faktisk implementering.

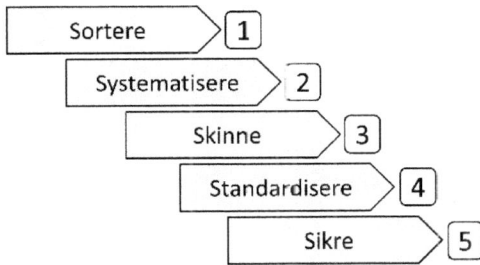

Figur 56. Trinnene i 5S.

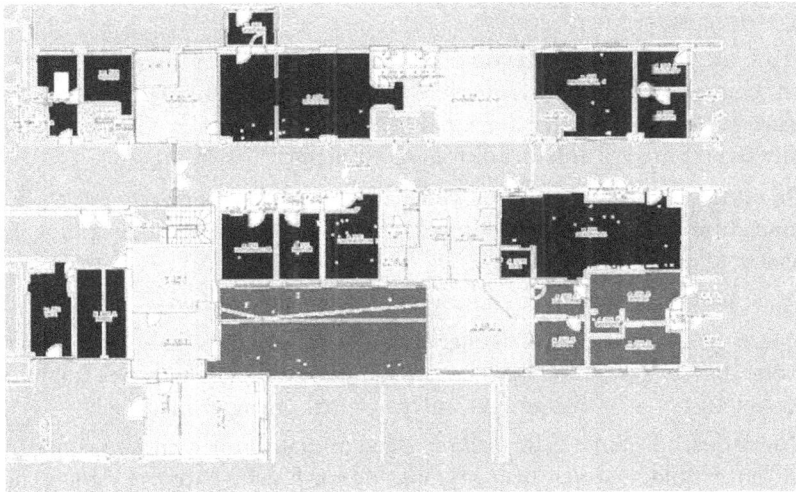

Figur 57. Plantegning med inndeling av arealet i soner.

Trinn 1: *sortere*

Målet med trinnet *sortere* er

- å identifisere og fjerne det som ikke trengs hver dag
- å identifisere og fjerne det det er for mye av
- å identifisere feil og mangler ved verktøy, maskiner, utstyr og annen infrastruktur
- å identifisere lokale og eksterne kilder til mangelfull orden og renhet (støv, spon, lekkasjer av vann, kjemikalier, olje og gass med mer)

Fremgangsmåten i *sortere* er som følger:

1. Definer kriterier for å fjerne gjenstander fra sonen. Typiske kriterier kan være følgende:

    - Gjenstanden hører ikke til i sonen.

    - Gjenstanden brukes ikke hver dag.

    - Det er for mange i forhold til typisk behov.

    - Gjenstanden bør plasseres utenfor sonen.

    - Konsekvensen er liten om gjenstanden fjernes og det likevel blir behov for den.

2. Definer hvor mye (mengde, antall, volum) som behøves av verktøy, rekvisita, materialer et cetera.

3. Ta bilder for dokumentasjon av 5S-status før gjennomføring. Bildene skal en benytte senere for å visualisere oppnådde forbedringer. Før-bildene bør ikke publiseres før etter at trinnet *skinne* er gjennomført. Grunnen er at involverte medarbeidere kan føle seg uthengt.

4. Identifiser lokale og eksterne kilder til smuss, støv, søppel, gasser, olje med mer. Informasjon om eksterne kilder skal videresendes til de team som «eier» kildene.

5. Kast søppel og gjenstander som ikke har verdi for noen.

6. Merk gjenstander som skal eller antakelig skal fjernes fra sonen. Benytt røde merkelapper med tekst som angir hvor enheten kommer fra, hvor enheten skal, maskinnummer, restverdi, feil, mangler med mer.

7. Merk defekt/skadet infrastruktur. Med infrastruktur menes maskiner, bord, hyller, lyskilder, stoler, instrumenter, dører, fysiske barrierer og lignende. Bruk gul tape og/eller gule merkelapper med tekst som forteller om mangelen og eventuelt løsning.

8. Gå igjennom området med alle i teamet samt relevante ledere og gjør eventuelle endringer i merkingen.

9. Plasser gjenstander som skal eller kanskje skal gjenbrukes, i red-tag-området.

10. Plasser gjenstander som skal kastes, men ikke kan besørges med en gang, i red-tag-området. Om slike gjenstander har en restverdi, må verdien fjernes fra regnskap/balanse før de kastes.

11. Plasser gjenstander som brukes periodevis eller sporadisk, i tilknytning til sonen eller i red-tag-området inntil en fast lagringsplass er innrettet i området.

12. Plasser gjenstander som brukes sjelden, helt utenfor området om aksesstiden ved behov ikke er kritisk.

13. Oppdater anskaffelseslisten og sonens 5S-aktivitetsliste.

Figur 58. Eksempler på bilder før 5S i kontor- og produksjonsområder.

Trinn 2: *systematisere*

I dette trinnet skal sonen fysisk reorganiseres slik at den møter de kartlagte kravene som stilles til den. Gjennomføringen av trinnet vil normalt være overlappende med neste trinn, *skinne*.

Målet med *systematisere* er

1. at alt skal ha en fast plass. Med «alt» menes instrumenter, verktøy, dokumenter, permer, tidsskrifter, rekvisita, varer, produkter med mer;

2. at alt er i orden og fungerer (maskiner, verktøy, utstyr og infrastruktur);

3. at organiseringen bidrar best mulig til HMS, kvalitet, flyt, leveransepresisjon, produktivitet og effektivitet;

4. at organiseringen forenkler inspeksjon, renhold og vedlikehold;

5. at det er visuell kontroll med instrumenter, verktøy, informasjon, dokumenter, rekvisita, inn/ut-kurver, nivåer, lagringsplasser, farlige områder med mer. Visuell kontroll innebærer for eksempel at en ved enkel inspeksjon kan se om alt er på plass, om noe bør suppleres, hvor inngående og utgående dokumenter og produkter skal plasseres, hvor ulike typer instrukser finnes, hvor det er farlige områder, og hva som er «driftsstatus» i sonens prosesser. Bildene under viser eksempler på dette;

6. at eventuelle tavler i sonen er hensiktsmessig plassert;

7. at alt som bør standardiseres, er standardisert.

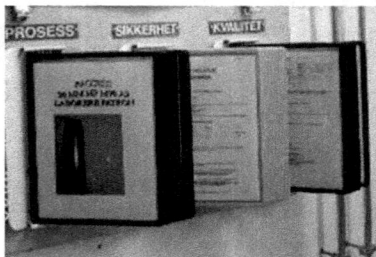

Figur 59. Organisering av
dokumentasjonen i sonen.

Figur 60. Merking av områder for lagring
og bevegelse.

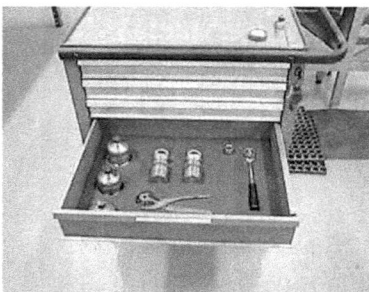

Figur 61. Merking og unik
plassering av verktøy.

Figur 62. Merking og unik plassering av
verktøy.

Fremgangsmåten i *systematisere* er som følger:

1. Kartlegg muligheter for bedret HMS:

    a. Vurder menneskelige bevegelser (forflytning, vridning, løft) med
        hensyn til frekvens, tyngde og belastning.

    b. Vurder plassering og sikring av verktøy, maskiner og annet utstyr.

    c. Vurder bruk av avlastende hjelpemidler for manuelt arbeid.

    d. Vurder tilrettelegging for handikapbehov.

    e. Vurder endringer av lyssetting.

    f. Vurder endringer med hensyn til temperatur, fuktighet, støv og gasser.

    g. Vurder risiko for uønskede hendelser.

    h. Vurder rømningsveier, skilting og barrierer.

2. Kartlegg muligheter for reorganisering som positivt vil påvirke kvalitet, flyt, leveransepresisjon, produktivitet og effektivitet.

   a. Vurder alternativer for bedret flyt inne i sonens prosesser. Nyttige verktøy for dette kan være spagettidiagrammer, flytdiagrammer, verdistrømskart og plantegninger.

   b. Vurder alternativer for bedret flyt inn til og ut fra sonens prosesser. Følgende bøker gir gode forslag til mekanismer for effektiv flyt og flytkontroll mellom prosesser: (36), (4), (5) og (6).

   c. Standardiser det som bør standardiseres (se *standardisere*).

3. Kartlegg muligheter for forenklet renhold og vedlikehold.

   a. Det bør være minst mulig på gulvet (det vil si heng opp). Det gjelder også ledninger.

   b. Det bør velges belegg og farge på gulv, vegger, tak og arbeidsflater som tåler rengjøring og forenkler rengjøring og inspeksjon.

   c. Det bør være lett tilgjengelighet til og visuell kontroll med utstyr og forbruksmateriell nødvendig for rengjøring og vedlikehold.

4. Planlegg reorganiseringen med utgangspunkt i de tre foregående punktene:

   a. Bruk en plantegning til å tegne ny organisering i sonen. Uhensiktsmessige alternativer kan da oppdages tidlig.

   b. Involver alle medarbeidere og andre viktige interessenter som vil påvirkes av reorganiseringen.

   c. Utarbeid enkle visuelle systemer for å ha kontroll med prosessene, utstyret i prosessene og input til og output fra prosessene.

5. Gå igjennom og komplretter aktivitets- og anskaffelseslisten. Innhent godkjennelse, og gjennomfør anskaffelser.

6. Gjennomfør reorganisering. Benytt sonens aktivitetsliste som støtte for gjennomføringen og oppfølgingen.

Trinn 3: *skinne*

Gjennomføringen av dette trinnet må ses i sammenheng med gjennomføringen av det foregående. Grunnen er at flere aktiviteter i *skinne* bør gjøres før sonen reorganiseres.

Målene med *skinne* er

1. å definere krav til nivå på renhet om dette ikke allerede er gjort i planleggingsfasen. Kravene kan også omfatte hygienekrav, krav til smittevern og krav til gasser og støv;

2. å rengjøre sonen og infrastrukturen der.

Betydningen av og innholdet i *skinne* er avhengig av typen arbeidsområde. I moderne kontorlokaler kan dette trinnet være mindre viktig.

Fremgangsmåten i *skinne* er som følger:

1. Definer kravene til renhet, det vil si hvordan det skal se ut / være i fremtiden.

2. Dersom relevant: Definer hva slags rengjøringsutstyr, rengjøringsmidler og prosedyrer som skal benyttes.

3. Rengjør alt. Det vil si gulv, vegger, tak, maskiner, instrumenter, verktøy, rør, ledninger, skap, hyller og annen infrastruktur.

4. Om det ikke er gjort tidligere: Fjern eller reduser lokale årsaker til «uorden».

Ta bilder i sonen etter rengjøring. Bildene kan en benytte til å visualisere kravene til nytt nivå på renhet og orden og som dokumentasjon av resultatene oppnådd gjennom 5S-trinn 1–3.

Figur 63. Bilde tatt etter 5S (sammenlign med bilde i figur 59).

Trinn 4: *standardisere*

Standarder kan betraktes som besluttede, entydige beskrivelser som bidrar til minimum uønsket variasjon. Eksempler på hva som i 5S-sammenheng er relevant å standardisere, er prosedyrer, tape, farger, fonter, bokstyper, verktøy, verktøytavler, belegg, lyssetting, rengjøringsutstyr og rengjøringsmidler. Virksomheten skal ta ansvar for å utarbeide felles standarder som skal gjelde for alle sonene.

Målene i *standardisere* er

- å lage nye eller benytte eksisterende standarder for best mulig visuell kontroll
- å lage standarder som er intuitive og bidrar til minimum uønsket variasjon i gjennomføringen av viktige aktiviteter
- å lage standarder som forenkler opplæringen
- å gjøre standardene lett tilgjengelige der det er behov for dem

Det synes vanskelig å lage en fremgangsmåte for trinnet *standardisere*. Grunnen er at spennet for hva som kan standardiseres, er så stort. Her er likevel noen innspill:

- Rutinebeskrivelsene skal ha en form og et språk som alle i sonen forstår.

- En bør lage visuelle ettpunktsleksjoner for å støtte gjennomføringen av viktige rutiner. En ettpunktsleksjon er normalt en A4-side som med bilder, figurer og minimum med tekst illustrerer viktige deler av innholdet i en rutine. Ettpunktsleksjoner bør utarbeides av, eller i tett samarbeid med, medarbeiderne i sonen. Figur 64 viser et eksempel på en ettpunktsleksjon.

- Nye og oppdaterte standarder og ettpunktsleksjoner bør organiseres og forvaltes i et system som er lett tilgjengelig og lett å bruke.

Trinn 5: *sikre*

Målet med dette trinnet er å sikre varighet for alle strukturer som er etablert og endret i de foregående trinnene.

Følgende fremgangsmåte foreslås:

1. Beskriv krav til opplæring i nye/endrede rutiner og andre standarder.
2. Integrer opplæringen i sonens og prosessenes opplæringsplan.
3. Gjennomfør opplæringen.
4. Plasser ansvaret for nye rutiner og andre standarder.
5. Oppdater ledernes standard arbeid (1) med nødvendige oppfølgingsoppgaver knyttet til nye/endrede rutiner og andre standarder. I innføringsfasen skal oppfølgingen være hyppig.
6. Planlegg regelmessig gjennomgang av status med hensyn til orden og renhet i sonene.
7. Planlegg neste gjennomføring av arbeidsplassreorganisering (om 12–24 måneder).

Plass til notater:

Ettpunktsleksjon

Tema	Kompressorrom og vannfilterrom		Ref. nr	01-26-01 2av6
			E. nr:	1080-1082-1088-1089
			Versjon	1
			Dato	24.09.2009
	Renhold	Smøring x	Kontroll	

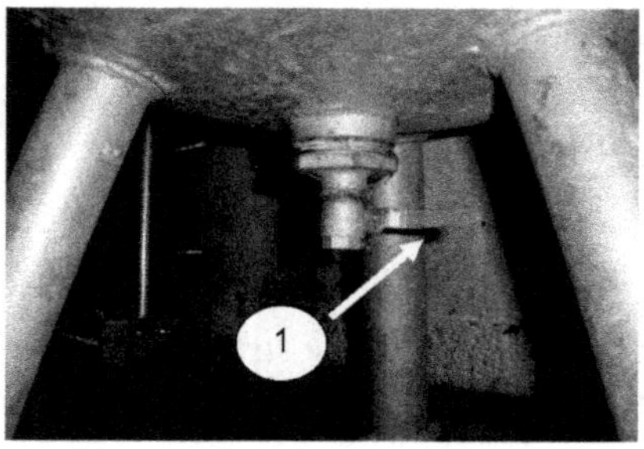

Nr	Hva skal gjøres?	Når
1	Åpne kran for tømming av kondensvann liten tank 1082	U
2	Åpne kran for tømming av kondensvann stor tank E-1080	U
3	Rens det brukte elvevannsfilteret E-1088 eller E-1089	D
4		
5		
6		
7		
8		
9		
10		
11		
12		
13		
14		
15		
16		
17		
18		
19		
20		

D = Dag, U = Uke, M = Måned

Kommentarer: Ved avik kontakt leder PTA

Utredet av: B.J.	Operatør:	Formann:

Figur 64. Eksempel på ettpunktsleksjon.

100

8.6 Raske omstillinger

Omstillingstid er en viktig årsak til redusert utnyttelse av kapasiteten i arbeids- og produksjonsprosesser. Dette punktet beskriver hvordan omstillingstiden kan reduseres ved hjelp av DMAIC. Innholdet tar utgangspunkt i metoden SMED (20), (37).

Definisjonen av *omstillingstid* må tilpasses type prosess. For en prosess som produserer serier med produkter, kan den være «tiden fra siste enhet med godkjent kvalitet er produsert ved normal produksjonshastighet for en serie, til første enhet med godkjent kvalitet er produsert ved normal produksjonshastighet i neste serie». For en operasjonsprosess i et sykehus vil definisjonen kunne være «tiden fra en operasjon på en pasient er ferdig, til ny operasjon på neste pasient starter». Dette kapitlet vil konsentrere seg om produktproduserende prosesser.

Figur 65 illustrerer en prosess med syklusen forberede, gjennomføre og avslutte. Tiden brukt til forberedelse og avslutning er omstillingstiden som ønskes minimert.

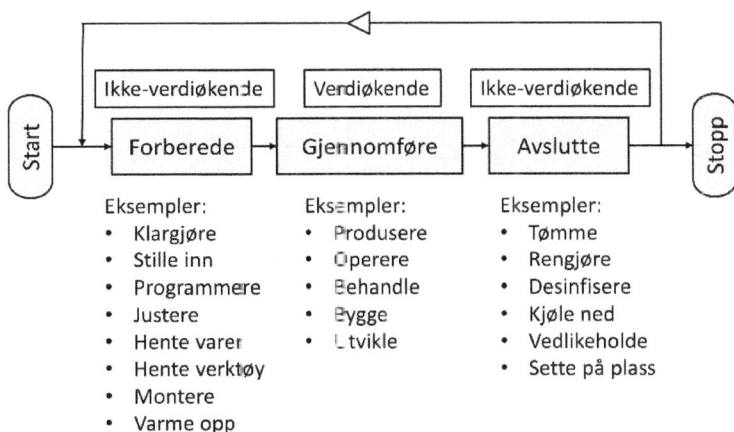

Figur 65. Produksjonssyklus med omstillingsaktiviteter.

Omstillingstider per produsert enhet reduseres jo flere som blir produsert per serie. Ved lange omstillingstider velges derfor ofte lange produksjonsserier. Konsekvensen er lange gjennomløpstider og høy kapitalbinding (varelager og varer i arbeid). En reduksjon av omstillingstiden åpner for tre muligheter:

1. å beholde kapasitetsutnyttelsen og benytte den frigjorte tiden til å produsere kortere serier gjennom hyppigere omstillinger. Gevinsten vil være kortere gjennomløpstider, redusert lager og redusert mengde varer i arbeid;
2. å benytte den frigjorte tiden til å øke kapasitetsutnyttelsen;
3. å gjøre en kombinasjon av de to ovenstående.

Figur 66 viser et eksempel der omstillingen utgjør 30 % av produksjonstiden. I dette tilfellet går det tre dager mellom hver gang samme produkt produseres. Figur 67 viser status etter en forbedringsaktivitet. Omstillingstiden er redusert til en tredjedel, og den frigjorte tiden er benyttet til å redusere seriestørrelsene og dermed gjennomløpstiden. Alle tre produktvariantene produseres nå hver dag. Forholdet mellom omstillingstid og produksjonstid er det samme som før forbedringen. Kapasitetsutnyttelsen er med andre ord uendret. Figur 68 viser en situasjon der omstillingstiden er redusert til en tredjedel, men der frigjort tid er benyttet til å øke kapasitetsutnyttelsen (produktiviteten).

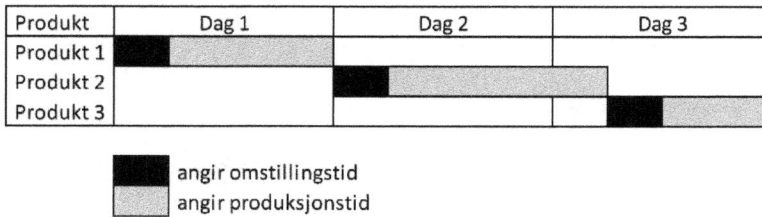

Produkt	Dag 1	Dag 2	Dag 3
Produkt 1			
Produkt 2			
Produkt 3			

angir omstillingstid
angir produksjonstid

Figur 66. Omstillingstid og produksjonstid før forbedring.

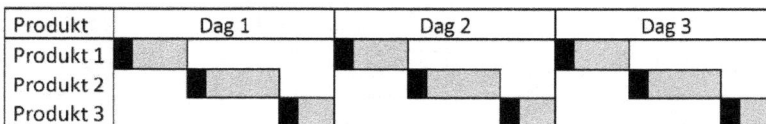

Produkt	Dag 1	Dag 2	Dag 3
Produkt 1			
Produkt 2			
Produkt 3			

Figur 67. Etter forbedring: Reduserte seriestørrelser.

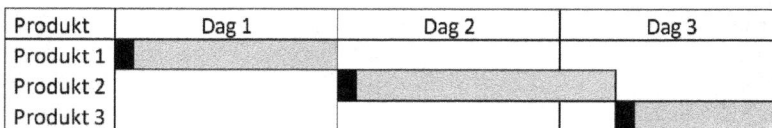

Produkt	Dag 1	Dag 2	Dag 3
Produkt 1			
Produkt 2			
Produkt 3			

Figur 68. Etter forbedring: Økt kapasitetsutnyttelse.

En overordnet tilnærming til reduksjon av omstillingstiden er visualisert i Figur 69. I figuren skilles det mellom *indre* og *ytre tid*. *Indre tid* er aktiviteter som må gjennomføres i omstillingstiden slik prosessen er i dag. *Ytre tid* er aktiviteter som i dag gjennomføres i omstillingstiden, men egentlig ikke behøver å inngå i denne. Når ytre aktiviteter gjennom tiltak fjernes fra omstillingen, påvirker de ikke lenger kapasitetsutnyttelsen.

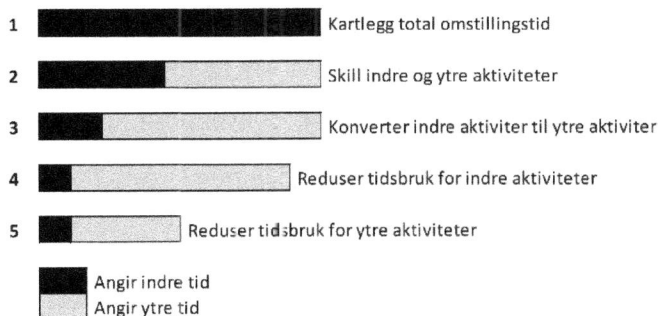

Figur 69. Overordnet tilnærming til reduksjon av omstillingstiden.

Figur 70 beskriver hvordan en kan benytte DMAIC til å redusere omstillingstiden i tråd med tilnærmingen i Figur 69. Avhengig av omfang kan omstillingstiden reduseres gjennom et L6S-prosjekt eller som en aktivitet innenfor rammen av kontinuerlige forbedringer (1). Om en må stanse produksjonen for å gjennomføre tiltak, skal *improve*-fasens varighet komprimeres til et minimum. I slike tilfeller er kravene til planlegging og involvering store. A3-malen i kapittel 9.3 eller den mer omfattende storyboarden i kapittel 9.2 kan benyttes for dokumentasjon av gjennomføringen og resultatene.

Fase	Define	Measure/analyse	Improve	Control
Tid	1–3 dager	1–2 dager	2–10 dager	1 uke–4 måneder
Aktivitet	• Velge team og teamleder • Velge veileder • Lage kommunikasjonsplan • Måle omstillingstider • Definere målene • Opsjon: Gjøre gevinstvurderinger • Lage fremdriftsplan	• Kartlegge og måle alle aktiviteter i omstillingen • Kartlegge bevegelser • Kategorisere aktiviteter som indre og ytre aktiviteter • Identifisere muligheter for å konvertere indre aktiviteter til ytre aktiviteter • Finne årsaker til lang indre tid • Finne årsaker til lang ytre tid	• Identifisere løsninger for å gjøre indre til ytre aktiviteter • Identifisere og velge løsninger for å fjerne årsaker til lang indre og ytre tid • Vurdere risiko • Vurdere forventet forbedring • Oppdatere fremdriftsplanen • Gi opplæring • Implementere løsninger	• Dokumentere redusert omstillingstid • Definere og plassere nytt ansvar • Lage/endre prosedyrer • Lage ettpunktsleksjoner • Oppdatere systemer • Oppdatere opplæringsplanen for prosessen • Etablere/endre målesystem
Verktøy	• Fremdriftsplan • Kommunikasjonsplan • Paretodiagram • Histogram • Kontrolldiagram	• Brainwriting • Flytdiagram • Spagettidiagram • Fiskebeinsdiagram • Videokamera • Paretodiagram	• FMEA • ROS-matrise • Prioriteringsmatrise	• Kontrolldiagram • Histogram • Paretodiagram

Figur 70. Reduksjon av omstillingstid med DMAIC.

Resten av dette kapittelet introduserer verktøy som kan være aktuelle i tillegg til DMAIC-verktøyene beskrevet i kapittel 4–7.

Omstillingstiden kan være avhengig av hvilke to produkter omstillingen gjelder, det vil si hvilket produkt som produseres, og hvilket produkt som skal produseres. En kan benytte tabellen i Figur 71 i *define*-fasen for å få en oversikt over aktuelle rekkefølger av produkter med tilhørende tider og hyppighet. Hyppigheten forteller hvor ofte en gitt omstilling gjennomføres. En kan benytte et paretodiagram for å visualisere tallmaterialet.

Fra produkttype	Til produkttype	Status (omstillingstid)	Mål (omstillingstid)	Hyppighet
A	A	6		
A	B	12		
A	C	15		
B	B	8		
B	A	8		
B	C	8		
C	C	8		
C	A	10		
C	B	12		

Figur 71. Omstillingstider for ulike produktomstillinger.

Tabellen i Figur 72 kan benyttes i *measure/analyse*-fasen for målte omstillingstider og kategorisering i indre eller ytre aktiviteter.

Nr.	Aktivitet	Tid (min.)	Indre	Ytre
1	Kjøle ned	10	x	
2	Tømme maskin	5	x	
3	Ta ut verktøy	10	x	
4	Rengjøre og smøre maskin	8	x	
5	Inspisere maskinen	2	x	
6	Hente nytt verktøy	4–10		x
7	Montere verktøy	5	x	
8	Stille/justere verktøy	10–30	x	
9	Laste inn program	5		x
10	Konfiguere program	8		x
11	Varme opp	20	x	
12	Hente deler	5–15		x
13	Mate maskinen med nye deler	5		x
14	Justere maskin	20–50	x	

Figur 72. Tabell med tidsbruk for omstillingsaktivitetene.

En kan benytte et paretodiagram (Figur 73) for å prioritere aktiviteter med størst påvirkning på omstillingstiden.

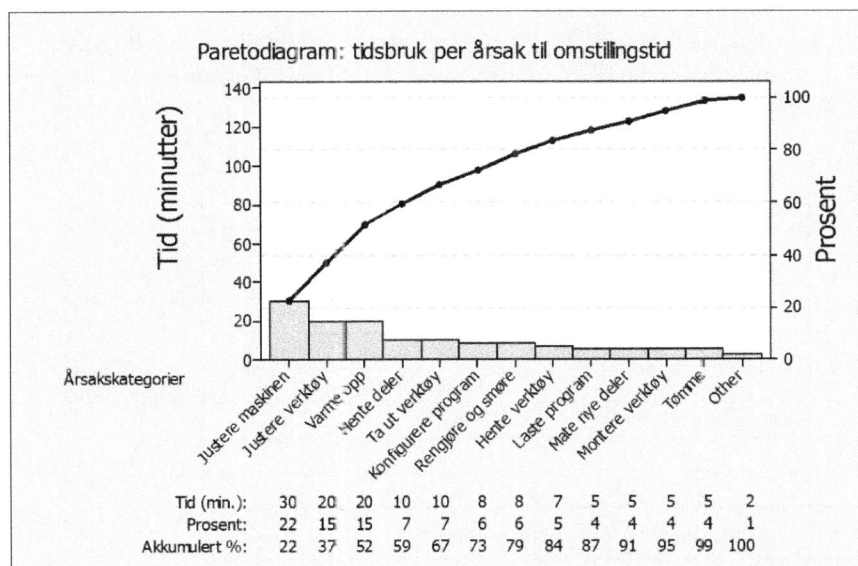

Paretodiagram: tidsbruk per årsak til omstillingstid

Tid (min.):	30	20	20	10	10	8	8	7	5	5	5	5	2
Prosent:	22	15	15	7	7	6	6	5	4	4	4	4	1
Akkumulert %:	22	37	52	59	67	73	79	84	87	91	95	99	100

Figur 73. Paretodiagram for tidsbruk per omstillingsaktivitet.

En kan benytte en tabell som den i Figur 74 i stedet for et fiskebeinsdiagram for å visualisere årsakene til tidsbruk for indre aktiviteter.

Indre aktivitet	Årsaker til for lang tidsbruk
Lang nedkjølingstid	• Luftavkjøling • Deksler åpnes ikke ved nedkjøling • Uklart hvor kaldt det må være før verktøy tas ut
Lang justeringstid for nytt verktøy	• Vanskelig å finne optimal vinkel • Vanskelig å sentrere • Flytte seg når en drar til siste festeskrue • Store forskjeller i slitasje på verktøy krever ulik justering • Noen verktøy er mangelfullt rengjort
Lang oppvarmingstid	• Lav effekt på varmeelementer • Dårlig isolering
Lang tid for å justere maskin	• Uklart hva som er optimal startinnstilling – må prøve å feile • Variasjon i verktøyene krever forskjellige startinnstillinger

Figur 74. Tabell med årsaker til lang indre tid.

En kan benytte tabellen i Figur 75 for å dokumentere tiltak for å gjøre potensielt ytre aktiviteter til virkelig ytre aktiviteter. Samme type tabell kan benyttes for tiltak som skal fjerne årsaker til lange indre og ytre tider.

En kan benytte tabellen i Figur 76 for å visualisere hvilke indre aktiviteter som kan gjennomføres parallelt, noe som reduserer omstillingstiden. Eksempelet viser at følgende aktivitetspar kan gjennomføres parallelt: (2,3), (1,4), (6,7) og (5,8).

Nr.	Aktivitet	Tiltak
1	Hente nytt verktøy	Tiltak 1
		Tiltak 2
		Tiltak 3
2	Laste inn program	Tiltak 4
		Tiltak 5
3	Konfigurere program	Tiltak 6
4	Hente deler	Tiltak 7
		Tiltak 8
5	Mate maskinen med nye deler	Tiltak 9

Figur 75. Tiltak for å gjøre potensielt ytre aktiviteter til virkelig ytre aktiviteter.

Aktivitet	1	2	3	4	5	6	7	8
1								
2								
3		x						
4	x							
5								
6								
7						x		
8					x			

Figur 76. Indre aktiviteter som kan gjøres samtidig (parallelt).

Plass til notater:

106

9 Maler

9.1 Prosjektbeskrivelsen (project charter)

Prosjektbeskrivelsen definerer prosjektet som skal gjennomføres, og er et resultat av *define*-fasen. En mal (Figur 77) for beskrivelsen kan være på A3-format og bør inneholde

1. tittel på prosjektet. Denne skal være en fokusert setning som forteller om prosjektets hensikt;
2. valgfritt: navn på tilhørende program med delprosjekter om prosjektet inngår i et slikt. Mer om dette finnes i boka (2);
3. valgfritt: prioriteringsmatrise med prosjektets score på vektede kriterier for valg av prosjekter. Mer om dette finnes i boka (2);
4. hvem som har rollene prosjekteier, prosjektleder, prosjektveileder, prosjektdeltakere;
5. prosjektets planlagte start- og stopptidspunkt;
6. valgfritt: tekst som beskriver bakgrunnen for prosjektet;
7. problembeskrivelse;
8. variablene (CTQ-ene) som skal forbedres;
9. dagens ytelse (*baseline*) for CTQ-ene;
10. prosjektets mål for CTQ-ene, eventuelt også ideell ytelse;
11. businesscase, det vil si en beskrivelse av forventede gevinster (økonomiske og andre) ved en vellykket gjennomføring;
12. valgfritt: tekst som beskriver andre krav til prosjektets leveranser;
13. valgfritt: føringer på prosjektet;
14. prosessavgrensninger, det vil si start og stopp for den prosessen som skal forbedres;
15. risikofaktorene for ikke å lykkes. Korrektive tiltak skal også angis;
16. valgfritt: risiko i prosent for ikke å lykkes med prosjektet;
17. overordnet fremdriftsplan.

Prosjekttittel:		Tilhørende program (opsjon):
Prioriteringsmatrise (opsjon):		
Prosjekteier:	Prosjektleder:	Prosjektveileder:
Prosjektdeltakere:		
Prosjektstart:	Prosjektstopp:	
Bakgrunn (opsjon):		
Problembeskrivelse:		
Tabell med variabler (CTQ-er), dagens ytelse, mål og eventuelt ideell ytelse		
Forventede økonomiske gevinster og andre gevinster:		
Andre krav til prosjektets leveranser (opsjon):		
Prosjektføringer (opsjon):	Prosess start og stopp:	
Risikofaktorer:	Risiko (%) (opsjon):	
Tabell med fremdriftsplan:		

Figur 77. Eksempel på mal for prosjektbeskrivelser.

Plass til notater:

9.2 Standardisert prosjektrapport (storyboard)

Storyboarden kan betraktes som et fleksibelt dokument for å dokumentere kartlegginger, analyser og beslutninger i tråd med DMAIC-metoden. Om rapporten realiseres i et lysbildeformat, kan presentasjoner lett tilpasses tiden en har til rådighet, og interessentenes behov og krav. En oppsummerende A3-versjon (kapittel 9.3) av storyboarden lages ved prosjektavslutning.

De følgende punktene angir forslag til innhold i storyboarden. Første del av dokumentet inneholder felter med viktig prosjektinformasjon. Prosjekteieren og styringsgruppen trenger denne informasjonen for oppfølging. Andre del av dokumentet inneholder felter og verktøymaler i tråd med DMAIC-tilnærmingen. Når *define*-fasen av storyboarden er ferdig, fylles prosjektbeskrivelsen (kapittel 9.1) ut.

Storyboard, del 1:

1. prosjektets tittel (*define*)
2. bakgrunn for prosjektet, sammenheng med andre prosjekter og eventuell score på kriterier for valg av prosjekter (*define*)
3. roller i prosjektet (*define*)
4. problembeskrivelsen (*define*)
5. oppdatert vurdering av forventede forbedringer og gevinster (*alle faser*)
6. oppdatert fremdriftsplan (*alle faser*)
7. oppdatert kommunikasjonsplan (*alle faser*)
8. oppdatert risikoanalyse for vellykket gjennomføring (*alle faser*)

Storyboard, del 2:

9. problembeskrivelsen (*define*)
10. visualisering av prosessen (SIPOC) der det antas at det finnes viktige årsaker (*define*)
11. visualisering av kundenes krav, CTQ-treet (*define*)
12. tabell med CTQ-ene, dagens ytelse, prosjektets mål, eventuelt ideell ytelse (*define*)
13. beskrivelse av forventede gevinster (*define*)
14. beskrivelse av andre krav til prosjektets leveranser (*define*)
15. beskrivelse av føringer på prosjektet (*define*)
16. beskrivelse av planlagt fremdrift og møteplan (*define*)
17. visualisering av mulige direkteårsaker for hver CTQ ved hjelp av fiskebeinsdiagrammer (*measure/analyse*)
18. datainnsamlingsplanen (*measure/analyse*)
19. beskrivelse av hvordan målesystemet skal verifiseres (*measure/analyse*)

20. beskrivelse av de valgte direkteårsakene og beslutningsunderlaget (*measure/analyse*)

21. beskrivelse av de valgte rotårsakene og beslutningsunderlaget (*measure/analyse*)

22. beskrivelse av alternative løsningsskisser for hver prioritert rotårsak (*improve*)

23. beskrivelse av kriteriene for valg av løsninger (*improve*)

24. prioriteringsmatrisen(e) med alternative løsningsskisser (*improve*)

25. mer detaljerte beskrivelser av valgte løsninger (*improve*)

26. risikoanalyse for de valgte løsningene (*improve*)

27. oppdatert vurdering forventede forbedringer med hensyn til CTQ-ene (*improve*)

28. oppdatert vurdering av prosjektets gevinster (*improve*)

29. oppdatert fremdriftsplan (*improve*)

30. dokumentasjon av oppnådde forbedringer (*control*)

31. dokumentasjon av oppnådde gevinster (*control*)

32. beskrivelse av nytt ansvar (*control*)

33. beskrivelse av nye rutiner (*control*)

34. beskrivelse av endringer i målesystemer og rapporter (*control*)

35. beskrivelse av andre endringer og oppdateringer i systemer (*control*)

36. evalueringen av prosjektet (*control*)

37. beskrivelse av muligheter for gjenbruk av prosjektets resultater (*control*)

38. beskrivelse av nye forslag til forbedringer (*control*)

Et alternativ til å ha hele storyboarden i ett dokument er å splitte den opp i flere A3-dokumenter. En kan da tenke seg ett A3-dokument for identifisering av prosjektet, ett for definering av prosjektet (*define*-fasen), ett for gjennomføring av *measure/analyse*-fasen til og med alternative løsningsskisser i *improve*-fasen, ett for valg og implementering av løsninger, ett for *control*-fasen og et oppsummerende A3-dokument for hele prosjektet.

9.3 Oppsummerende A3-rapport (A3-storyboard)

I kapittel 9.2 foreslås typisk innhold i en komplett prosjektrapport som dokumenterer både hovedresultatene og «veien»/metoden frem til resultatene. Når prosjektet er gjennomført, bør hovedresultatene legges i et oppsummerende A3-dokument. Om viktige interessenter ønsker det, kan A3-oppsummeringen fylles ut løpende. Figur 78 viser et eksempel på en slik A3-mal.

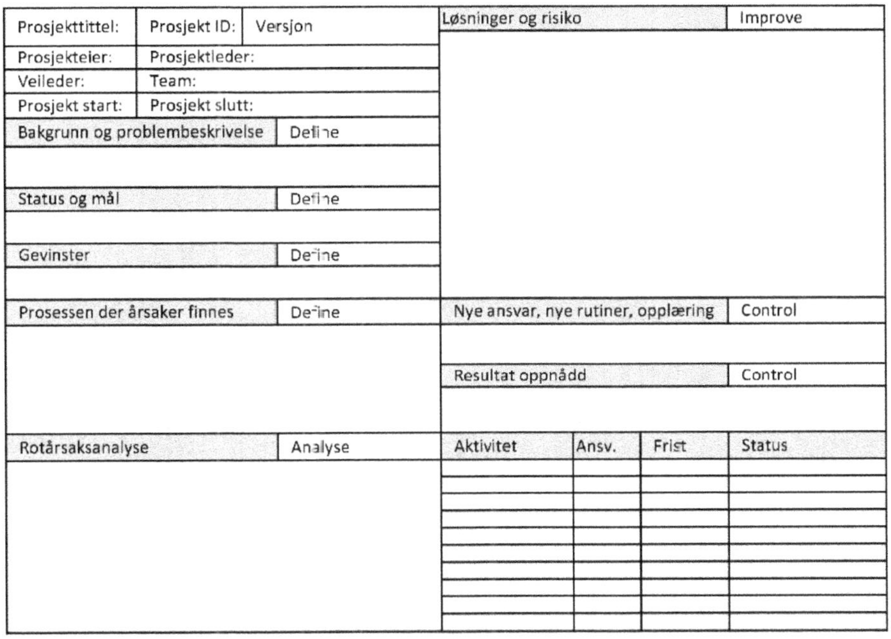

Prosjekttittel:	Prosjekt ID:	Versjon	Løsninger og risiko		Improve
Prosjekteier:	Prosjektleder:				
Veileder:	Team:				
Prosjekt start:	Prosjekt slutt:				
Bakgrunn og problembeskrivelse		Define			
Status og mål		Define			
Gevinster		Define			
Prosessen der årsaker finnes		Define	Nye ansvar, nye rutiner, opplæring		Control
			Resultat oppnådd		Control
Rotårsaksanalyse		Analyse	Aktivitet	Ansv.	Frist	Status

Figur 78. Eksempel på en A3-storyboard.

9.4 Eksempel på en 5S-sjekkliste – produksjonsmiljø

5S-sjekklisten brukes til å gjøre en tallmessig vurdering av nivået på *orden og renhet* i sonene i et arbeidsområde (kapittel 8.5). Listen skal kunne benyttes over lang tid og være uavhengig av sone i det aktuelle arbeidsområdet. Alle punktene i listen skal være relevante for alle sonene. Hvert punkt bør være så konkret at det er enkelt å gjøre en «objektiv» vurdering av sonenes score/nivå.

Pos	5S kriterium	5S krav	5S nivå	Vurdering	Poeng	nr
		Ingen				
1	Unødvendige ting i sonen	Komplett og i stand				1
2	Renholdsutstyr	På anvist, merket plass				2
		Helt rent gulv (uten papir, væsker, søppel, støv)				3
3	Renhet gulv	Ingen løse gjenstander (varer, verktøy etc) på gulv				4
		Kun besluttet informasjon/dokumenter på tavla	2			5
4	Tavler	Informasjonen er oppdatert				6
5	Nødutganger	Merket og tilgjengelige ihht til krav				7
6	Brannslukningsutstyr	På plass og i stand ihht til krav				8
7	Sikre soner	Merket med standardisert tape ihht til krav.				9
		Farlig utstyr med feilfrie barrierer ihht til krav				10
		Tydelig merket, ikke skadet og 100% synlige ihht til interne krav				11
8	Faringsveier	Ingenting i faringsveiene som ikke skal være der				12
		Helt rene (uten papir, væsker, søppel, støv)				13
9	Maskiner og fast inventar	Rengjort og malt ihht til interne krav				14
		Feil og mangler er rapportert formelt				15
10	Vegger og tak	Rengjort og malt ihht til interne krav				16
11	Flyttbart utstyr/hjelpemidler	Plassert på merket plass	3			17
		Feil og mangler er rapportert formelt				18
12	Lagringsmetode	Alle varer/dokumenter har en definert plass				19
		Alle varer/dokumenter er lagret i standard kontainer, mapper, bokser				20
13	Renhold	Det eksisterer prosedyre for området/sonen				21
		Teamet er selv ansvarlig for renhold				22
14	Hyller, pulter/bord, skap	Har merking slik at alt har sin tydelige plass				23
15	Vedlikehold	Det eksisterer prosedyre for området/sonen	4			24
		Teamet er ansvarlig for relevant vedlikehold				25
16	Verktøy/nødvendig utstyr	Alt har en plass og alt er på plass (når det ikke er i bruk)				26
		Plassert i hensiktsmessig i arbeidsområdet				28
		5S inngår i teamets arbeid med kontinuerlige forbedringer				29
17	Renhold	Teamet gjennomfører daglig renhold og har sjekklister for gjennomføring	5			30
		Lagernivåer er definert				31
18	Lager/logistikk	Lageret er organisert i tråd med standard				32
		Kanban-ordre utløses når lageret er under et definert nivå				33
						34

Poeng: det kan gis 0 som laveste og 5 som høyeste

Figur 79. Eksempel på en 5S-sjekkliste.

112

Bibliografi

1. **Danielsen, Sven H.** *Produser resultater! – Bok 2: fremragende Lean-strukturer for operativ kontroll og kontinuerlig forbedring.* 1. s.l. : Aksena Press AS, 2016. ISBN: 978-82-998783-3-3.

2. —. *Produser resultater! - bok 3: Fremragende utvikling og implementering av strategiske handlingsplaner.* 1. 2016. ISBN 978-82-998783-5-7.

3. **Rath & Strong.** *Six Sigma Pocket guide.* 2006. ISBN 0-9746328-7-2.

4. **Rother, Mike og Harris, Rick.** *Creating Continuous Flow.* 2001. ISBN 0-9667843-3-2.

5. **Rother, Mike og Shook, John.** *Learning to See.* 2003. ISBN 0-9667843-0-8.

6. **Smalley, Art.** *Creating Level Pull.* 2004. ISBN 0-9743225-0-4.

7. **Shook, John.** *Managing to Learn.* 2008. ISBN 978-1-934109-20-5.

8. **Collins, Jim.** *Good to Great.* ISBN 82-1500194-7.

9. **Collins, Jim og Porras, Jerry I.** *Built to Last.* 2004. ISBN 9781844135844.

10. **Collins, Jim og Hansen, Morten T.** *Great By Choice.* 2011. ISBN 978-1847940889.

11. **Krafcik, John F.** Triumph of the Lean Production System. *Sloan Management Review.* 30, 1988, 1.

12. **Lean Enterprise Institute.** *Lean Lexicon.* 2. 2004. ISBN 0-9667843-6-7.

13. **Goal/QPC.** *Hoshin Kanri Memory Jogger.* 2013. ISBN 978-1-57681-158-0.

14. **Mascitelli, Ronald.** *The Lean Product Development Guidebook.* 2007. ISBN-978-0-9662697-3-4.

15. **Kubiak, T.M. og Benbow, D.W.** *The certified Six Sigma Black Belt Handbook.* 2. s.l. : Quality Press, 2009. ISBN 978-0-87389-732-7.

16. **Rath & Strong.** *Six Sigma leadership handbook.* [red.] Thomas Bertels. s.l. : John Wiley & Sons, Inc. 2003. ISBN 0-471-25124-0.

17. **Ginn, Dana og Warner, Evelyn.** *The Design for Six Sigma Memory Jogger.* s.l. : GOAL/QPC, 2004. ISBN 1-57681-047-X.

18. **De Feo, Joseph A og Barnard, William W.** *Six Sigma Breakthrough and Beyond.* 2004. ISBN 0-07-142227-7.

19. **Breyfogle III, Forrest W.** *Implementing Six Sigma.* 1999. ISBN 0-471-29659-7.

20. **John, Alexander, et al.** *Six Sigma + Lean Toolset.* 2008. ISBN 978-3-540-32349-5.

21. **Andersen, Bjørn.** *Business Process Improvement Toolbox.* 2. 2007. ISBN 978-0-87389-719-8.

22. **Gripsrud, Geir, Olsson, Ulf Henning og Silkoset, Ragnhild.** *Metode og dataanalyse.* 2010. ISBN: 9788276348644.

23. **Sandholm, Lennart.** *Total Quality Management.* 2. 2000. ISBN 91-44-01164-4.

24. **Wheeler, Donald J. og Lyday, Richard W.** *Evaluating the Measurement Process.* 2. 1989. ISBN 0-945320-06-X.

25. **Wheeler, Donald J.** *Guide to data analysis.* 2005. ISBN 0-945320-62-0.

26. **Wheeler, Donald J. og Chambers, David S.** *Understanding Statistical Process Control.* 2. 1992. ISBN 0-945320-13-2.

27. **Bergman, Bo.** *Industriell försöksplanering och robust konstruktion.* Lund : Studentlitteratur, 1992. ISBN 91-44-36861-5.

28. **Montgomery, Douglas C.** *Design and Analysis of Experiments.* 7. 2009. 978-0-470-39882-1.

29. **Tennant, Geoff.** *Pocket Triz for Six Sigma.* 2. 2005. ISBN 0-9546149-0-9.

30. **GOAL/QPC.** *The Creativity Tools Memory Jogger.* 1998. ISBN 1-57681-021-6.

31. **Mcdermot, Robin E., Mikulak, Raymond J. og Beauregard, Michael R.** *The Basics of FMEA.* 1996. ISBN 0-527-76320-9.

32. **Rausand, Marvin og Utne, Ingrid B.** *Risikoanalyse - teori og metoder.* 2011. ISBN 978-82-519-2446-7.

33. **Jones, Dan og Womack, Jim.** *Seeing the Whole, mapping the extended value stream.* 2003. 0-9667843-5-9.

34. **Dennis, Pascal.** *Lean Production Simplified.* s.l. : Productivity Press, 2007. ISBN 1-56327-262-8.

35. **Sarkar, Debashis.** *5S for Service Organisations and Offices.* 2006. ISBN 978-0-87389-677-1.

36. **Harris, Rick, Harris, Chris og Wilson, Earl.** *Making Materials Flow.* 2003. ISBN 0-9741824-9-4.

37. **Wedgwood, Ian D.** *Lean Sigma - A Practitioner's Guide.* 2007. ISBN 0-13-239078-7.

38. **Kubiak, T. M.** *The Certified Six Sigma Master Black Belt.* 2012. ISBN 978-0-87389-805-8.

Stikkordregister

www.ingramcontent.com/pod-product-compliance
Lightning Source LLC
Chambersburg PA
CBHW051223200326
41519CB00025B/7233